Ingeborg Schödl

Das Unmögliche wagen

Ingeborg Schödl

Das Unmögliche wagen

ANNA DENGEL

Ärztin, Missionarin, Ordensgründerin

Tyrolia-Verlag · Innsbruck-Wien

Diese Biographie wurde durch den Verein „Freunde Anna Dengel" initiiert und herausgegeben und durch die Abteilung Kultur im Amt der Tiroler Landesregierung unterstützt.

Freunde ANNA DENGEL

Gefördert von tirol Unser Land

Mitglied der Verlagsgruppe „engagement"

Bibliografische Information Der Deutschen Nationalbibliothek
Die Deutsche Nationalbibliothek verzeichnet diese Publikation in der Deutschen Nationalbibliografie; detaillierte bibliografische Daten sind im Internet über http://dnb.d-nb.de abrufbar.

2014

Umschlaggestaltung, Layout und digitale Gestaltung: Tyrolia-Verlag
unter Verwendung zweier Bilder aus dem Archiv der
Missionsärztlichen Schwestern, London
Lithografie: Artilitho, Lavis (I)
Druck und Bindung: FINIDR, Tschechien
ISBN 978-3-7022-3327-3
E-Mail: buchverlag@tyrolia.at
Internet: www.tyrolia-verlag.at

Die Stärke der Frauen
ist viel größer,
als sie selbst vermuten.

Anna Dengel

Inhalt

Annäherung an eine ungewöhnliche Frau

Eine junge Frau, gerade erst 21 Jahre alt, fährt zum Studium der Medizin nach Irland, holt sich dann als Jungmedizinerin Praxiserfahrung in England und erfüllt sich anschließend ihren Traum, in Indien als Ärztin tätig zu sein. Aus heutiger Sicht nichts Ungewöhnliches, jungen Menschen steht in unserer Zeit die Welt offen und sie nützen auch die ihnen gebotenen Chancen. Doch 1913, zu Beginn des 20. Jahrhunderts, war dies noch unüblich, eigentlich fast unschicklich. Auf alle Fälle irritierend für viele Leute, dass ein Mädchen sich allein, ohne Begleitung in die „weite Welt" begibt. Man kann sich vorstellen, was da geredet und getuschelt worden ist. Vor allem in Hall im Tiroler Inntal, wo diese couragierte junge Frau her stammte. Jeder kannte hier jeden und die Familie Dengel war auch durch die Herstellung und den Handel mit Paramenten ringsum im Land bekannt. War Anna, die Älteste der neun Dengel-Kinder, nicht immer schon etwas anders als die gleichaltrigen Mädchen gewesen? Mit 17 Jahren ist sie bereits für zwei Jahre ins Ausland gegangen. Das Angebot, als Deutschlehrerin in Lyon zu unterrichten, hat sie damals angenommen, und jetzt geht sie gar nach Irland um zu studieren. Noch dazu Medizin. Wozu das alles? Sie soll lieber lernen, wie man einen Haushalt führt, sonst bekommt sie keinen Mann. Dass die Eltern ihr diese Extravaganzen erlauben? – Ich bin mir sicher, so oder so ähnlich wird damals die Reaktion der Umgebung gewesen sein.

Als ich für diese Biographie in das Leben der Anna Dengel eintauchte, war es gerade dieser Mut, gegen den Zeitgeist zu schwimmen, Neues zu wagen, was mich als Erstes an dieser Lebensgeschichte faszinierte. Sie tat das, was sie für richtig hielt und ergriff, sicherlich nach reiflicher Überlegung, die ihr jeweils gebotenen Chancen. Aber nicht nur das, sie setzte ihre getroffenen Vorstellungen auch mit einer großen Portion Hartnäckigkeit und Zielstrebigkeit durch. Ihr Handeln war aber nicht von einem blauäugigen Optimismus getragen, sondern sie ging ihre Planungen sehr pragmatisch an. Man könnte sagen, sie hat, ohne es zu ahnen, nach einem Prinzip gehandelt, das später für die katholische Arbeiterschaft richtungsweisend wurde: *sehen* (wahrnehmen) – *urteilen* (Fragen stellen) – *handeln* (tätig werden).

Anna Dengel hat bei ihrer Arbeit als Ärztin in Indien die Not der Menschen gesehen, vor allem die der Frauen. Sie hat eine Gesellschaftsordnung wahrgenommen, in der das Leben der Frauen nur eine untergeordnete Rolle spielte. Sie hat die Lage nüchtern beurteilt und Fragen gestellt: Warum ist die Situation so? Wie und durch wen können Veränderungen erfolgen? Als ihr Urteil feststand, hat sie gehandelt und ist tätig geworden. Sie wollte, wie sie selber sagte *„einer Not abhelfen, die nur von Frauen behoben werden konnte"*. War jetzt Anna Dengel eine Frauenrechtlerin? Sie war es, und zwar engagierte sie sich in einem Bereich, der von der Frauenbewegung der westlichen Welt bei ihrem Einsatz für die gesellschaftspolitische Gleichberechtigung zu wenig wahrgenommen wurde. Nämlich die Verbesserung der Lebenssituation der Frauen und deren Kinder in den südlichen Ländern, in den Kolonialstaaten und Missionsländern. Sie aber setzte sich für das Menschenrecht dieser Frauen auf medizinische Hilfe und umfassende ärztliche Versorgung ein. Sie machte dies nicht nur aus Solidarität mit jenen Frauen, die sich selbst für ihre Rechte nicht einsetzen konnten, sondern sah dies auch als Pflicht einer Christin gegenüber ihren Mitschwestern an.

Anna Dengel leitete mit ihrem Einsatz eine Veränderung ein, sie ging bereits von einem anderen als dem noch verbreiteten Missionsverständnis aus. Man könnte sagen, sie nahm schon Gedanken des Zweiten Vatikanums dabei vorweg. Sie wusste, dass man in erster Linie über die Linderung der körperlichen Not die Seelen der Menschen gewinnen konnte. Sie war daher überzeugt, dass das missionsärztliche Apostolat mehr Bedeutung in der Missionstätigkeit haben sollte als bisher. Aber die Amtskirche setzte hier der missionarischen Arbeit längst überholte Schranken entgegen. Seit 700 Jahren bestand ein kirchenrechtliches Verbot, wonach Ordensleute keine ärztliche Tätigkeit ausüben und Ordensfrauen vor allem nicht auf dem Gebiet der Geburtshilfe Hilfe leisten durften. Ein großes Hindernis für alle in der Mission tätigen Menschen, Missionare wie Ordensfrauen. Die Ärztin Anna Dengel hatte dies selbst hautnah erlebt.

Wenn Papst Franziskus in seiner 2013 erschienenen ersten Enzyklika „Evangelii Gaudium“ zum Mut zu Veränderungen und zur Reform von Strukturen einer notwendigen pastoralen Neuausrichtung aufruft, hat Anna Dengel eine solche bereits vor mehr als 80 Jahren gewagt. Realistisch hat sie aber erkannt, dass sie als Frau allein dies kaum bewerkstelligen wird können, in einer Kirche, in der vor allem Männer das Sagen haben. Ausgestattet mit einer besonderen Gabe für das dafür notwendige „Netzwerken“ ist es ihr aber tatsächlich gelungen, den Vatikan dazu zu bringen, das für eine umfassende missionarische Tätigkeit nur hinderliche Verbot aufzuheben. Sie mobilisierte weltweit Kardinäle, Bischöfe und Ordensleute, sich dafür einzusetzen und leistete selbst Überzeugungsarbeit durch unzählige Vorträge und schriftliche Stellungnahmen, die auf ihrer Praxiserfahrung basierten. Das Verbot fiel 1936, damit bekam nicht nur das missionsärztliche Apostolat eine große Aufwertung, sondern für die Mitglieder der von Anna Dengel 1925 in Amerika gegründeten Gemeinschaft der Missionsärztlichen Schwestern war nun der Weg frei – von der Kirche als Ärztinnen, Hebammen, Krankenschwestern … anerkannt –, ihrer medizinischen Tätigkeit in den Missionsländern nachzugehen.

Natürlich haben so tatkräftige und innovative Menschen wie Anna Dengel auch ihre Kanten. Wer Macht im Sinne von Gestalten und Bewegen ausübt, gibt diese nicht gerne ab. Über Jahrzehnte hielt Anna Dengel die Fäden der von ihr gegründeten Gemeinschaft allein in Händen und sie wusste auch ihren Willen durchzusetzen. Ein Werk, das man mit allem persönlichen Einsatz geschaffen hat und „als sein Kind" betrachtet, gibt man nur ungern in andere Hände. Anna Dengel, die sonst ihrer Zeit im Denken und Handeln weit voraus war, konnte es nicht akzeptieren, dass die Veränderungen in der Gesellschaft auch ihre Gemeinschaft betrafen. Auch nicht, dass deshalb von ihren Nachfolgerinnen andere Wege in der Zielrichtung der Arbeit eingeschlagen werden mussten. Eine gewisse, den Älplern eigene Starrköpfigkeit schlug da bei ihr sicher durch. Es entsprach aber ihrem Format, dass sie, sicher nach langen inneren Kämpfen, die notwendigen Veränderungen akzeptierte.

Ich habe versucht, mit der vorliegenden Biographie mich einer ungewöhnlichen Frau anzunähern. Ihr Leben passte genau in meine bisherige publizistische Tätigkeit, nämlich Frauen, die sich in die Gesellschaft, vor allem aber in die Kirche mit allen ihren Fähigkeiten eingebracht haben, vor dem Vergessen-Werden zu bewahren. In dem ich aufzeige, wie sie, trotz aller Widerstände ihre Ideen verwirklicht haben und sich nicht verdrängen ließen, weil sie „nur" Frauen waren. Alle diese Frauen können in ihrem Tun und Wirken auch beispielgebend für das Engagement der Frauen im 21. Jahrhundert sein. Anna Dengels Botschaft an die nachfolgenden Frauengenerationen gilt auch heute: *„Die Stärke der Frauen ist viel größer, als sie selbst vermuten."*

Wien, am Internationalen Frauentag
8. März 2014

Ingeborg Schödl

1. Kapitel

Vom „Ende der Welt" in die Welt

Rawalpindi 1920 – im Hauptquartier der britischen Streitkräfte an der Nord-West-Grenze von Britisch-Indien herrschte reges Treiben. Soldaten der britischen Kolonialmacht, Einheimische in ihrer traditionellen Kleidung, Frauen im Sari oder total verschleiert, Straßenverkäufer, Männer mit Lasttieren, eine Unmenge sich balgender Kinder, Bettler, streunende Hunde und dazwischen die zweirädrigen Tongas, deren Fahrer sich lautstark den Weg durch das Getümmel kämpften. Die junge Frau, die aus dem gerade ankommenden Zug kletterte, war überwältigt von dem bunten Bild, das sich ihr bot. Sie hatte eine lange Reise hinter sich. Nach der herben Landschaft Irlands und dem etwas kühlen englischen Klima wurde sie nun mit dem Orient in seiner ganzen Buntheit und Vielfalt konfrontiert.

Vor fünf Wochen hatte sich Anna Dengel auf die Reise begeben und Europa verlassen, um sich ihren Traum zu erfüllen – als Ärztin in Indien tätig zu werden. Vier Wochen war sie vom Londoner Hafen mit dem Überseedampfer „Kaisar-i-Hind" unterwegs gewesen, Bombay (heute: Mumbai) war das erste Ziel. Eine vollkommen fremde Welt tat sich hier erstmals für sie auf. Ein paar Tage später, nach einer kurzen Akklimatisierungsphase, begab sie sich mit der Eisenbahn auf die strapaziöse Reise in den Nordosten des riesigen Landes, nach Rawalpindi. Diese erst seit 1886 bestehende Eisenbahnanbindung an Bombay war ein Verdienst von Lord Dalhousie, der Rawalpindi auch zur größten Garnison in Britisch-Indien gemacht hatte.

Die mehrtägige Fahrt unterbrach die junge Ärztin in Delhi und in Agra, um dort das weltberühmte Mausoleum Tadsch Mahal zu besichtigen. Ziemlich gerädert von der Reise war sie nun am Ort ihres künftigen Wirkens gelandet. Das Herz der geborenen Tirolerin schlug höher, als sie in der Ferne die Silhouetten hoher Berge erblickte. Was sie wahrnahm, waren die drei höchsten Gebirgszüge der Welt: Hindukusch, Karakorum und Himalaya.

In der Nähe der Altstadt lag das von ihrer Mentorin Dr. Agnes McLaren gegründete St.-Katharinen-Spital, ihre künftige Arbeitsstätte. Gegenüber, im Kloster der Franziskanermissionarinnen Mariens (FMM), hatte man für sie ein Zimmer vorbereitet. Der Empfang war herzlich und die Mutter Oberin bot sich sofort als Dolmetscherin für die erste Zeit an. Um einen vertrauensvollen Zugang zu den Patienten zu finden, müsste sie zumindest eine Sprache der Einheimischen, am besten Hindustani erlernen. Die Amtssprache Englisch wurde gerade von den Frauen kaum beherrscht.

Erschöpft von der langen Reise lag Anna Dengel an diesem Abend im Bett, trotzdem stellte sich der Schlaf nicht gleich ein. Ihre Gedanken gingen zurück, wie sich alles gefügt hatte, dass sie vom „Ende der Welt" in die Welt gekommen ist.

Als Anna Dengel am 16. März 1892 in Steeg im tirolerischen Außerfern geboren wurde, lag dieser Ort noch schwer zugänglich tatsächlich am „Ende der Welt". Heute erreicht man von Reutte kommend diese letzte, bereits auf 1122 Meter liegende Lechtaler Gemeinde auf einer gut ausgebauten Straße. Irgendwie aber doch noch immer am „Ende der Welt", denn über den Pass ins Vorarlberger Gebiet zu kommen ist nicht immer möglich. Die Straße, die bei Warth auf 1495 Meter Seehöhe klettert, ist nicht das ganze Jahr befahrbar. Schneefall ist hier

Die Familie Dengel, 1897 in Steeg: von li.: Anna, Bruder Hans und Schwester Ida mit Eltern

auch im Sommer möglich und eine Straßensperre daher unvermeidlich. Die herbe Landschaft prägt ihre Bewohner – sie sind resolut, zupackend, unsentimental und lassen sich nicht unterkriegen. Charakterzüge, die auch die Persönlichkeit von Anna Dengel bestimmten. Aus diesem Tal stammt auch Anna Knittel, die als wagemutige Geierwally in die Heimatliteratur eingegangen ist. Angeblich wäre sie im sechsten Grad mit Anna Dengel verwandt gewesen.

Im Haus Nummer 7 kam Anna als erstes Kind des Edmund Wilhelm Dengel und seiner Frau Maria Gertrud, geborene Scheidle, aus dem Nachbarort Hägerau, zur Welt. Die Familie vergrößerte sich rasch – ein Jahr später, 1893, kam Schwester Ida, 1894 Bruder Johann und 1898 Dominika zur Welt. Als die Familie bereits in Hall wohnte, gesellte sich 1899 noch Karl dazu.

Vater Dengel handelte mit Manufakturen (Waren aller Art), so wie viele Bewohner des Tales. Landwirtschaft zu betreiben, von der man auch leben konnte, daran war in dieser rauen Gegend nicht zu denken. Da seine um zwölf Jahre jüngere Ehefrau eine ausgezeichnete Paramentenstickerin war, hatte Edmund Dengel die Idee, einen auf zwei Beinen stehenden Betrieb aufzubauen: Manufakturenhandel plus dem Angebot von kunstvoll bestickten liturgischen Textilien.

Gegenüber dem Dengel-Haus, das heute noch im Familienbesitz ist, jenseits des noch jungen Lechs, thront auf einem Felsenkopf die dem heiligen Oswald geweihte Pfarrkirche. Im anheimelnden Kirchenraum erinnern heute eine Gedenktafel und ein Bronzerelief (1985 von Elmar Kopp gestaltet) an die große Tochter des Lechtales.

Den Unterricht in der einklassigen Volksschule von Steeg besuchte Anna nur ein Jahr. Der kleine Betrieb des Ehepaares Dengel florierte so gut, dass an eine Vergrößerung gedacht werden konnte. Die alte Salinenstadt Hall, nahe Innsbruck, schien sich für diese Geschäftsausweitung am besten zu eignen. Eine Übersiedlung war zur damaligen Zeit ein langwieriges Unterfangen. Für eine Strecke, wofür man heute drei Autostunden braucht, mussten die Dengels mit ihren vier Kindern samt Hab und Gut drei Tage Unbequemlichkeit, teils mit Postkutsche, teils mit der Eisenbahn auf sich nehmen. Ein gotisches Haus in der Altstadt, in der Ritter-Waldauf-Straße 4, wurde das neue Zuhause. Über dem Rundbogen des Eingangs ein Madonnenrelief „Maria, die Ursache unserer Freude". Anna Dengel machte sie später zur Schutzpatronin der von ihr gegründeten Gemeinschaft. Gleich neben dem Eingangstor das Verkaufsgeschäft samt Werkstätte. Im oberen Stockwerk dann die Wohnung für die immer größer werdende Familie. Heute wohnt eine Nichte von Anna Dengel in diesem malerischen Ambiente. Besucher, die mühsam die enge Stiege hinauf in den zweiten Stock keuchen, werden aber mit einem herrlichen Ausblick auf die Altstadt und die nahen Berge belohnt.

Bis 1936 wurden hier bestickte Paramente, Messkleider, Ministrantengewänder, Stolen, Glockenzüge, Kirchenfahnen etc. angeboten. Später wurde das Geschäft nach Innsbruck in die Erlerstraße verlegt und von den Söhnen Edmund und Karl weitergeführt, aber in den 70er-Jahren des 20. Jahrhunderts dann aufgelassen.

Das zweite Volksschuljahr begann Anna nun bei den Tertiarschwestern des heiligen Franziskus am Unteren Stadtplatz von Hall. Da ging es schon etwas strenger zu als in der Schule in Steeg. Wer nach Meinung der Schwestern sich nicht an die vorgegebenen Regeln hielt, erwischte schnell ein paar „Batzen" auf die flache Hand. Auch die kleine Anna bekam dies einmal zu spüren, dazu noch an ihrem Geburtstag.

Nur wenige Monate nach der Übersiedlung wurde die Familie Dengel von einem schweren Schicksalsschlag heimgesucht. Im Alter von nur 31 Jahren starb die Mutter im Oktober 1900 an einem Lungenleiden. Zurück blieb ein Mann mit fünf Kindern und einem im Aufbau befindlichen Betrieb. In ihren Erinnerungen schreibt Anna Dengel später über diesen prägenden Verlust: *„Mein Schmerz war so groß, dass ich ihn nimmer vergessen konnte. Diesem großen Schmerz schreibe ich auch das Mitleid und Erbarmen zu, das ich für die Frauen und Kinder in Indien hatte und noch habe."*

Verständlich, dass der Witwer mit fünf Kindern sich auch wieder nach einer Ehefrau umsah. Drei Jahre später, 1903, heiratete er Amalia Rohrmayer aus Anwalding in Bayern. Zwischen 1905 und 1912 wurden der Familie Dengel noch vier Kinder geboren – Edmund, Hilde, Josef und Amalia. Der Dengelsche Paramentenbetrieb musste gut floriert haben, denn von den insgesamt neun Kindern absolvierten fünf ein Studium. Außer Anna studierte auch die Jüngste, Amalia, später Medizin und wurde Ärztin in Rosenheim, Hilde wurde Hauptschullehrerin und trat später in den Dominikanerinnenorden ein, Josef entschied sich für Theologie und zum Eintritt in die Missionsgesellschaft vom heiligen Josef von Mill Hill. Johann wurde spä-

Anna nach dem Tod
ihrer Mutter, 1900

Die Geschwister Anna, Hans und Ida,
1904 in Hall (rechte Seite)

ter ein angesehener Rechtsanwalt in Salzburg. Ida heiratete einen Richter und fühlte sich als Dame der gehobenen Gesellschaft sehr wohl. Dominika arbeitete bei der Post, blieb unverheiratet und zog allein ihr Kind auf. Anna Dengel, die in moralischer Hinsicht erzkonservativ war, zeigte für die Lebenssituation dieser Schwester nie viel Verständnis.

Nach der Volksschule kamen Anna und Ida in das Internat Thurnfeld der „Schwestern der Heimsuchung Mariens" in Hall. Das Kloster war für sein umfassendes Bildungsangebot weit über die Grenzen hinaus bekannt und Mädchen aus der ganzen Habsburger-Monarchie, ja selbst aus dem Ausland wurden deshalb nach Hall geschickt. Die Regeln, die hier herrschten, waren sehr streng – Stillschweigen, Zucht und Opfergeist standen an oberster Stelle. An drei Tagen der Woche durfte nur Französisch gesprochen werden, an drei Tagen Italienisch und nur am Sonntag konnten sich die Mädchen auf Deutsch unterhalten. Englisch war damals nur ein Wahlfach. Neben den Hauptfä-

chern wurde noch Unterricht in Musik, Kunstgeschichte, Handarbeit und Malerei geboten. Anna Dengel bezeichnete später diese Jahre im Internat aber als gute Basis für ihren weiteren Lebensweg.

Nach vier Jahren, 1906, endete die Schulzeit. Anna half vorerst im Geschäft ihres Vaters aus und machte sich natürlich Gedanken darüber, wie sie ihr Leben weiter gestalten sollte. Sie hatte sich zu einem hübschen, schlanken Mädchen entwickelt, das mit dunklen, lebhaften Augen selbstbewusst die Umwelt betrachtete. Vermutlich entsprach sie nicht ganz dem damaligen Schönheitsideal – das war eher ihre mädchenhaft-naiv wirkende Schwester Ida – aber heute würde man sie als rassige und attraktive Frau bezeichnen.

Neben der Arbeit im väterlichen Geschäft nahm Anna nun auch privaten Englischunterricht. Da sie eine gute Schülerin gewesen ist, baten sie die Schwestern ihrer ehemaligen Schule, als Aushilfslehrerin zur Verfügung zu stehen. Die Arbeit mit den Kindern machte ihr Freude und sie nahm das Angebot an. Eines Tages kam aus der südostfranzösischen Stadt Lyon an die Schule die Anfrage nach einer Lehrerin, die Deutschunterricht an einer Lyoner Schule erteilen könnte. Die Schwestern fragten Anna Dengel, die, entschlussfreudig wie sie war, sofort zusagte. Ins Ausland zu gehen, um ihre Sprachkenntnisse zu vervollkommnen, daran dachte sie schon länger. Sie war jetzt 17 Jahre alt und begab sich im Oktober 1909 auf ihre erste große Reise. Zwei Jahre unterrichtete sie als Lehrerin für deutsche Sprache an der „Association familiale des Chartreux", einer von einer säkularisierten Gemeinschaft geführten Schule. Ein Befähigungsnachweis schien damals noch nicht notwendig gewesen zu sein. Es genügte eine mündliche Empfehlung und alles andere würde sich in der Praxis zeigen.

Nach zwei Jahren kehrte sie wieder nach Hall zurück. Konkrete Zukunftspläne hatte sie noch immer nicht. Was ihr vorschwebte, war vielleicht ein Studium zu beginnen – für Mädchen aber damals noch nicht üblich. Oder sollte sie nicht doch in einen Orden eintreten, wie es zwei Schwestern ihrer Stiefmutter, die Ordensfrauen wurden, gerne gesehen hätten? Tante Philomena war bei den „Englischen Fräulein" in Augsburg eingetreten und Cassiana arbeitete als Missionsschwester in Südafrika. Der Gedanke, in der Mission tätig zu sein, entsprach schon eher ihren Vorstellungen als ein Leben in einem traditionellen Orden. Menschen zu helfen, sie zu heilen, dieses Interesse wurde bei ihr geweckt, als sie in Lyon eine medizinische Abhandlung aus dem Deutschen ins Französische übersetzte. Oder sollte sie sich nicht doch lieber für den Lehrberuf entscheiden? Die Arbeit mit Kindern machte ihr Spaß und die Staatsprüfung für Französisch, die sie für das Lehramt an Grundschulen befähigte, hatte sie in Innsbruck in der Zwischenzeit abgelegt. Es kam aber alles ganz anders, ging in eine andere Richtung als ihre angestellten Überlegungen. Eine Zeitungsnotiz brachte die Wende.

Da sie sehr gut mit Kunden umgehen konnte, schickte sie ihr Vater öfter auf Geschäftsreisen. In Vorarlberg drückte ihr die zuständige Klosterfrau nach Geschäftsabschluss eine Missionszeitschrift in die Hand. Auf der Heimreise im Zug blätterte sie diese durch und las von einer Schule für Krankenschwestern in Lyon. Dort könnten sich Mädchen, die Interesse für diesen Beruf hätten, für einen späteren Einsatz in Missionsländern ausbilden lassen. Während ihrer Zeit in Lyon hatte sich Anna mit einer ebenfalls jungen Lehrerin, Victoire L'Abbaye, angefreundet. Dieser schrieb sie sofort, um genaueres über diese Ausbildungsmöglichkeit zu erfahren. Die Antwort der Freundin war, dass sie über diese Schule nichts in Erfahrung bringen konnte, von ihrem Beichtvater habe sie aber gehört, dass er eine aus Schottland stammende Ärztin kenne, die auf der Suche nach jungen Frauen wäre, die Interesse an einer medizinischen Ausbildung hätten. Wenn sich diese verpflichten, nach Studienabschluss für fünf Jahre nach Indien zu gehen, dann würde sie die Kosten für das Medizinstudium übernehmen. *„Ich war sofort Feuer und Flamme"*, erzählte Anna Dengel später über den Anfang ihrer Berufungsgeschichte. *„Es war die Antwort auf meine unbewusste Sehnsucht und Hoffnung, die ich seit meiner Kindheit in mir trug, eine Missionarin mit einem bestimmten Ziel zu sein, eine Lücke zu füllen, die nur Frauen füllen konnten."*

Es war die schottische Ärztin Agnes McLaren, die durch ihren Pioniergeist den Samen säte, den Anna Dengel durch ihren bedingungslosen Einsatz zum Blühen brachte.

2. Kapitel

Die schottische Wegbereiterin

Vom Alter her hätten sie Großmutter und Enkelin sein können, als die Lebenswege der bereits 74-jährigen Agnes McLaren und der 19-jährigen Anna Dengel im Jahre 1911 aufeinander trafen. Persönlich kennengelernt haben sie sich nie, nur ein lebhafter Briefwechsel hat sie in ihren gemeinsamen Zielvorstellungen nähergebracht. Im Mai 1913, bevor Anna zum Studium nach Irland aufbrach, sollte es endlich zu einer persönlichen Begegnung kommen. Doch die Schottin McLaren starb im April in Antibes. Mit ihrer Zusage, der jungen Tirolerin das Medizinstudium zu finanzieren, hatte sie kurz vor ihrem Tod nicht nur die entscheidenden Weichen für das Lebensziel von Anna Dengel gestellt, sondern damit auch die Weiterführung des von ihr gegründeten Spitals in Rawalpindi geregelt.

Weder der Lebenslauf noch die Persönlichkeit von Agnes McLaren entsprachen den für Frauen herrschenden gesellschaftlichen Regeln des 19. Jahrhunderts. Geboren wurde sie am 4. Juli 1837 als Tochter des Duncan McLaren, eines presbyterianischen Kaufmanns und Politikers, in Edinburg in Schottland. Wie Anna Dengel verlor auch sie früh ihre Mutter, fand aber in der zweiten Frau des Vaters eine mütterliche Freundin. Ihr Vater war viele Jahre Bürgermeister der Stadt Edinburg und auch Mitglied des britischen Parlaments. Agnes wuchs als Älteste von sieben Geschwistern nicht nur in einer

Agnes McLaren gehörte zu den ersten Frauen, die bereits im 19. Jahrhundert Medizin studierten.

Großfamilie auf, sondern auch in einer Atmosphäre, in der man sich mit notwendigen gesellschaftlichen Veränderungen offen auseinandersetzte. Sie selbst engagierte sich schon sehr früh für das Frauenwahlrecht und das Frauenstudium. Motiviert dazu wurde sie von ihrer Stiefmutter Priscilla, die Präsidentin des „Nationalen Komitees für das Frauenwahlrecht in Schottland" war. Engagiert trat die junge Agnes auch öffentlich für soziale Gerechtigkeit sowie den ungehinderten Bildungszugang für alle Gesellschaftsschichten ein. Die finanzielle Situation ihrer Familie erlaubte es ihr, dass sie ohne materielle Sorgen ihren vielfältigen Interessen nachgehen konnte.

Mit bereits 39 Jahren fasste Agnes McLaren plötzlich den Entschluss, Medizin zu studieren. Da dies für Frauen an einigen Universitäten in England nur ohne Erlangung des Doktortitels möglich bzw. an anderen überhaupt verboten war, entschloss sie sich für ein Studium in Frankreich. Die katholische Universität von Montpellier war eine der ältesten und renommiertesten Europas, die auch weiblichen Hörern die Türen öffnete. Kurz entschlossen begab sie sich zum katholischen Erzbischof von Westminster, Kardinal Henry Edward Manning, mit der Bitte um eine Empfehlung. Manning, ein Konvertit, kam dem Wunsch einer Presbyterianerin, unbedingt an einer katholischen Universität zu studieren, gerne nach.

Agnes McLaren begann nun ihr Studium in Montpellier und beendete dieses nach Studienaufenthalten in Kanada und den USA mit der Dissertation „Étude sur les flexions de l'utérus". Nach Praxiserfahrung in England machte sie dann in Antibes an der französischen Riviera eine Ordination auf. Angehörige der englischen Kolonie, des Hochadels und des Bankwesens gehörten zu ihren Patienten. Ihrer sozialen Einstellung entsprach es, dass sie einen Großteil der eingenommenen Honorare für die kostenlose Behandlung der ärmeren gesellschaftlichen Schicht verwendete.

Mit dem Katholizismus wurde Agnes nicht nur an der Universität von Montpellier konfrontiert, sondern auch bei den Franziskanerinnen, bei denen sie während ihrer Studienzeit wohnte. Zu ihrem Freundeskreis gehörten später auch katholische Geistliche. Bei einem von ihnen machte sie jährlich Privatexerzitien, noch ohne Katholikin zu sein. Erst im Alter von 62 Jahren entschloss sie sich zur katholischen Kirche überzutreten.

Gastfreundschaft wurde in der McLaren-Villa in Antibes groß geschrieben. Immer wieder kamen Freunde aus England und Schottland für einige Tage vorbei. Unter ihnen auch immer wieder Missionare der Mill-Hill-Gesellschaft in London. Im Jahre 1904 machte der Apostolische Präfekt von Rawalpindi, Monsignore Dominic Wagenaar, auf dem Weg zurück nach Indien Zwischenstation in Antibes. Er erzählte der interessierten Agnes McLaren von einem Problem, das ihn schon lange beschäftigte. Sein Bistum Islamabad-

Rawalpindi, im Nordwesten Indiens (heute: Pakistan) gelegen, wurde vor allem von Muslimen bewohnt. Das bedeutete in der Öffentlichkeit nicht nur strikte Geschlechtertrennung, sondern für Frauen auch das „Purdah"-Gebot zur Ganzkörperverschleierung (auch „Pardah" genannt). Innerhalb des Hauses durften sie sich auch nur in dem ihnen vorbehaltenen abgeschlossenen Wohnbereich („Zenana") aufhalten. Kein fremder Mann durfte die „Zenana" betreten. Wagenaar selbst hätte in den 26 Jahren seiner Tätigkeit nie das Gesicht einer muslimischen Frau gesehen. Abgesehen vom fehlenden sozialen Netzwerk und einer mangelnden Mobilität durch diese totale Abschottung hatte dies vor allem katastrophale Auswirkungen auf die Gesundheitsversorgung der Frauen und in der Folge auch auf die Kinder. Eine muslimische Frau durfte die Hilfe eines männlichen Arztes nicht in Anspruch nehmen und schon gar nicht sich in Spitalspflege begeben. Somit waren sie wehrlos den von Aberglauben geprägten Methoden der weisen Frauen, der „Dais" (Hebammen) ausgeliefert. Weibliche Ärzte gab es kaum, höchstens in den großen Städten wie Bombay, Lahore, Benares. Ein Großteil der praktizierenden Ärztinnen und auch Hebammen wurde von der evangelischen Kirche in die Missionsgebiete entsandt. Aber das war nicht nur zu wenig, sondern auch ein Nachteil für die Missionsarbeit der katholischen Kirche. Ihr fehlte es an medizinisch ausgebildeten Frauen, erzählte der Missionar seiner Gastgeberin. Auf ihre verwunderte Frage hin, dass es doch genügend Ordensfrauen in Indien gäbe, die man in Frauenheilkunde und Geburtshilfe ausbilden könnte, erfuhr die Ärztin McLaren erstmals von einem sieben Jahrhunderte zurückliegenden kirchlichen Verbot.

Nach dem Vierten Laterankonzil (1215) wurde unter Papst Innozenz III. ein Verbot kirchenrechtlich wirksam, wonach Priester und Ordensleute sich von ärztlichen Tätigkeiten, besonders im Bereich der Chirurgie fernzuhalten hatten. Begründet wurde dies damit, dass Menschen des geistlichen Standes dadurch von ihrer pastoralen Tätigkeit abgehalten würden. Vermutlich ging es aber eher darum, dass gerade die Chirurgie zu sehr in die Nähe Quacksalberei geraten war. Es kam zwar im 17./18. Jahrhundert für Missionare auch zu Ausnahmegenehmigungen, die aber an verschiedene Auflagen gebunden waren (medizinkundig, kostenlos, ohne Schneiden und Brennen – und nur, wenn keine Laienärzte zur Verfügung standen). Den männlichen und weiblichen Ordensangehörigen blieb nur das weite Feld der Krankenpflege überlassen. Für Ordensfrauen war es bis in das 20. Jahrhundert hinein strikt verboten, Geburtshilfe zu leisten bzw. bei Entbindungen zu assistieren.

Der Bericht ihres Gastes Monsignore Wagenaar ging Dr. McLaren, der immer noch engagierten Frauenrechtlerin, nicht aus dem Kopf. Fachlich ausgebildete Missionsschwestern könnten diesen Frauen in ihrem auferlegten Getto Hilfe bieten, wenn die katholische Kirche ein längst nicht mehr zeitgemäßes Verbot aufheben würde. Wie viele Frauen, auch Kinder, mussten deshalb bereits sterben und würden noch zu Grunde gehen, weil man ihre Not nicht sah? Wenn die katholische Kirche dies nicht erkenne, dann würde sie etwas unternehmen. Nach diesen Überlegungen beschloss Agnes McLaren sich des Problems anzunehmen.

Sie hielt Vorträge und publizierte in diversen Zeitungen, um auf die bestehende Situation aufmerksam zu machen. Kurz entschlossen fuhr sie auch nach London, wo sie immer noch ausgezeichnete Verbindungen zu höchsten Kreisen hatte und gründete in London das „Medical Mission Commitee" mit der Aufgabe, Sponsoren für den Bau eines geplanten Krankenhauses in Rawalpindi zu finden. Aber auch junge Frauen, Ärztinnen oder Hebammen zu motivieren, sich für längere Zeit für eine missionsärztliche Tätigkeit in Indien zu entscheiden. Letzteres war der schwierigste Teil ihres Planes.

Ermutigt in ihren Unternehmungen wurde sie aber von den Mill-Hill-Missionaren, die ihr anboten, dieses Spital in ihrem Distrikt

St.-Katharinen-Hospital in Rawalpindi

Rawalpindi zu errichten. Große Unterstützung bekam sie dabei durch Monsignore Wagenaar, der zwei Gebäude nahe der Kirche in Rawalpindi dank der von London einfließenden Gelder erwerben konnte und diese den Anforderungen entsprechend zu einem Spital umbauen ließ. Auch eine Ärztin, die Engländerin Elizabeth Bielby, die bereits in Lahore tätig gewesen war, wurde gefunden. So konnte das „St.-Katharinen-Hospital", benannt nach Katharina von Genua, am 8. Dezember 1909 seinen Betrieb aufnehmen. Die Krankenpflege wurde von den dort angesiedelten Franziskanermissionarinnen Mariens übernommen.

Neben dieser kräfteraubenden Initiative behielt sie aber das bestehende Kirchenverbot ebenfalls im Auge. Zwischen 1908 und 1912 machte sie auf ihren Reisen immer wieder auch in Rom Station und trug in den zuständigen Kongregationen und bei Ordensoberen ihr Anliegen vor. In einer Privataudienz bei Papst Pius X. informierte sie diesen nicht nur über das Entstehen eines katholischen Spitals in Rawalpindi, sondern machte den Papst auch auf die unmenschlichen

Folgen des bestehenden Verbots vor allem für Mütter und Kinder aufmerksam. Auch Monsignore Wagenaar hatte dies bereits getan und auf die Notwendigkeit eines missionsärztlichen Apostolates hingewiesen. Aber noch hatte man im Vatikan die Dringlichkeit des Umdenkens in dieser Frage nicht erkannt. Obwohl das Problem nicht nur die muslimischen Frauen in den Missionsgebieten allein betraf, sondern auch jene, die in überwiegend von Muslimen bewohnten Gebieten der österreichisch-ungarischen Monarchie, wie Bosnien und Herzegowina, lebten – also mitten in Europa. Es dauerte zwar nicht mehr Jahrhunderte, aber doch noch drei Jahrzehnte und bedurfte eines Netzwerks von prominenten Unterstützern, vor allem aber der Hartnäckigkeit zweier Frauen – Agnes McLaren und später Anna Dengel –, bis in Rom diese kirchenrechtliche Bestimmung endlich als überholt, und nicht mit dem Menschenrecht auf Hilfeleistung vereinbar, angesehen wurde.

Während Agnes McLaren unermüdlich auf Informationstouren war, lief es in Rawalpindi doch nicht so optimal wie erwartet. Die junge Ärztin war mit den alltäglichen Problemen einfach überfordert und warf bereits nach einem Jahr das Handtuch. Die inzwischen 73-jährige Agnes McLaren machte sich auf die lange und strapaziöse Reise nach Indien, um vor Ort die Lage zu sondieren. Sie übernahm für einige Zeit selbst den ärztlichen Spitalsdienst, um den Betrieb aufrechtzuerhalten. Dies war aber nur eine Notlösung, denn längerfristig konnte sie das nicht durchhalten, sie fühlte sich müde und ausgelaugt. Außerdem blieb das Problem der Behandlung von muslimischen Frauen noch immer ungelöst. Bei der bestehenden Situation half es ihr nicht viel, dass die katholischen Bischöfe der Umgebung auch die Unsinnigkeit des kirchenrechtlichen Verbots einsahen und sich in Rom für die Aufhebung einsetzen wollten. Sie musste möglichst rasch eine Lösung finden, um den Betrieb des St.-Katharinen-Spitals aufrechtzuerhalten. Sie benötigte daher dringend eine Medizinerin sowohl für die Leitung als auch speziell für die Betreuung der muslimischen Frauen.

Es war eine Fügung, dass sie, zurückgekehrt nach Antibes, von einer jungen Tirolerin hörte, die sich sowohl für Medizin wie für die Missionsarbeit interessierte. Zwischen Agnes McLaren in Antibes und Anna Dengel in Hall in Tirol entwickelte sich ein reger Briefwechsel. Im schriftlichen Gedankenaustausch kam man sich näher und erkannte viele Gemeinsamkeiten. Nun sollten sich die beiden Frauen in Lyon persönlich kennenlernen und alle Details der Zusammenarbeit regeln. Doch dazu kam es nicht. Agnes McLaren, 76 Jahre alt, hatte keine Kraft mehr. Sie erkrankte und starb am 17. April 1913 in Antibes an den Folgen einer Lungenentzündung.

3. Kapitel

Ein Traum wird Wirklichkeit

Als die Nachricht vom Tod Agnes McLarens in Hall eintraf, meinte Anna Dengel, dass ihr Traum nun geplatzt sei. Im Rekordtempo hatte sie die für ein Studium notwendigen Prüfungen am Reform-Realgymnasium der Ursulinen in Innsbruck abgelegt. Alle Voraussetzungen für das Angebot von Dr. McLaren waren daher erfüllt – und jetzt? So greifbar war alles gewesen und nun diese Nachricht.

Der nächste Brief, der in Hall eintraf, kam vom „Medical Mission Committee". Die Sekretärin des Komitees, Pauline Willis, die übrigens Jahre später Anna Dengel bei ihrem Start in Amerika behilflich sein wird, bestätigte nochmals schriftlich die von Agnes McLaren bereits getroffenen Vereinbarungen: Anna wird an der Universität Cork in Irland das Medizinstudium beginnen und ein Stipendium von 50 Pfund pro Jahr erhalten. Dafür müsse sie sich verpflichten, nach Abschluss ihres Studiums fünf Jahre in Rawalpindi, am St.-Katharinen-Spital zu arbeiten.

Auf Cork in Irland fiel deshalb die Wahl, da die Voraussetzung für Annas künftige Arbeit als Ärztin in Indien die Graduierung an einer Universität in Großbritannien war. Cork war eine katholische Universität und nach Dublin die zweitälteste Irlands. Der Rektor, Sir Bertram Windle, hatte außerdem die Bemühungen von Dr. McLaren stets sehr unterstützt.

Man sah es den drei Menschen an, die am Züricher Hauptbahnhof standen, dass es für sie ein schwerer Abschied war. Edmund und Amalia Dengel hatten es sich nicht nehmen lassen, ihre Älteste zumindest bis Zürich zu begleiten. Es war September 1913, als sich Anna auf die Reise ins Unbekannte begab. Man tröstete sich gegenseitig, dass es ja in einem Jahr, in den Ferien ein Wiedersehen geben würde. Niemand von ihnen ahnte, dass es fast sieben Jahre dauern wird, bis die Familie wieder vereint war. Ein Krieg würde ganz Europa erschüttern, das Gefüge der habsburgischen Monarchie auseinanderbrechen und ein bisher stabiles gesellschaftliches Gefüge ins Wanken geraten.

Schweren Herzens, aber trotzdem voll Vorfreude auf das Kommende, wie sie eben nur ein junger Mensch empfinden kann, begab sich die nun 21-jährige Anna Dengel auf die Reise in einen neuen Lebensabschnitt. Zwischenstation machte sie in Paris, wo sie mit Pauline Willis zusammentreffen sollte. Der Treffpunkt war der Hauptbahnhof. Als Erkennungszeichen vereinbarten sie ein blaues Band, das beide tragen würden. Pauline Willis war mehr aufgeregt als Anna Dengel, denn schließlich trug sie die Verantwortung für ihren Schützling, dass dieser heil und unbelästigt am Zielort ankommen würde. Eigentlich war es damals unüblich, dass sich eine junge Frau ohne Begleitung allein auf Reisen begab. Aber an Mut und Unternehmungsgeist sowie an einer Spur Unangepasstheit fehlte es Anna ja nie. Der nächste Zwischenstopp war London und dann ging es weiter nach Irland.

Im Blackrock-Konvent der Ursulinen in Cork erhielt sie vorerst Quartier. Sie musste nun ihre Englischkenntnisse perfektionieren und sich für die im britischen Commonwealth geforderte Aufnahmeprüfung vorbereiten, um an der Universität inskribieren zu können. Im Juni 1914 bestand sie die Prüfung und wollte eigentlich über die Sommerferien nach Hause nach Hall fahren. Sie hatte aber das Gefühl, dass ihre Englischkenntnisse doch noch nicht so perfekt wären, um ohne Schwierigkeiten den Vorlesungen folgen zu können.

Perfektionistisch, wie sie war, beschloss sie, den Sommer in Irland zu verbringen, um ihre Sprachkenntnisse noch zu verbessern. In Hall hätte man Anna gerne in die Arme geschlossen, aber die Eltern zeigten Verständnis für ihren Entschluss. Nächstes Jahr gäbe es sicher ein Wiedersehen, versicherte man sich gegenseitig tröstend. Wenige Wochen später sah die Welt anders aus.

Am 28. Juni 1914 wurden der österreichische Thronfolger Franz Ferdinand und seine Frau Sophie Opfer eines Attentates in Sarajevo. Bereits brodelnde Nationalitätskonflikte explodierten und lösten eine kriegerische Auseinandersetzung aus, die entsetzliche Folgen für die Länder Europas hatte. Am 12. August 1914 erklärten Frankreich und Großbritannien Österreich-Ungarn den Krieg. Wäre Anna Dengel im Sommer tatsächlich nach Hause gefahren, dann hätte sie nach Irland, nun feindliches Ausland, nicht mehr zurück können. Der Traum vom Medizinstudium wäre ausgeträumt gewesen. Jetzt galt sie in Irland aber als „feindliche Ausländerin". Dabei hatte sie noch großes Glück, denn sie wurde nicht wie viele andere Ausländer in ein Internierungslager gesteckt. Sie musste sich aber registrieren lassen und bekam Papiere, die sie als „unerwünschte Fremde" auswiesen. Ihre Bewegungsfreiheit wurde auf einen Umkreis von fünf Meilen von Cork beschränkt. Sehr froh war sie aber, dass sie mit Hilfe von Rektor Sir Windle trotzdem an der Universität von Cork inskribieren konnte und dort auch keinerlei Anfeindungen ausgesetzt war. Der Kontakt nach Österreich, zur Familie in Hall, blieb aber für längere Zeit unterbrochen. Damit war auch jede finanzielle Hilfe durch ihre Eltern nicht mehr möglich.

Anna Dengel war von ihrer Persönlichkeit her ein mutiger Mensch und in einem Alter, in dem man die Unannehmlichkeiten des Lebens noch leichter wegsteckte. Da sie jetzt außer dem Stipendium des „Medical Mission Committees" keine finanzielle Unterstützung hatte, musste sie neben dem Studium verschiedene Arbeiten übernehmen. Sie war in einer Gärtnerei tätig, passte auf Kinder auf,

Anna Dengel in der Damen-Hockey-Mannschaft in Cork (Erste von links in der 2. Reihe)

gab Deutschunterricht und war kurzfristig auch als Assistentin in der Anatomie tätig. Trotzdem genoss sie, so weit es möglich war, das Leben, war engagiertes Mitglied der Damen-Hockey-Mannschaft der Universität Cork und schloss viele Freundschaften. So auch mit Mable Ann Harley, mit der sie zehn Jahre später in Amerika wieder zusammentraf. Begeistert von Anna Dengels Idee, trat sie 1929 in die von dieser neu gegründeten Gemeinschaft ein. Als promovierte Pharmazeutin war sie dann sowohl in Rawalpindi als auch in anderen Niederlassungen der Missionsärztlichen Schwestern tätig, u. a. auch als Novizenmeisterin in England.

Die mit Studium und Arbeit angefüllten Jahre verflogen wie im Flug. Im Oktober 1919 promovierte die Österreicherin Anna Dengel an der Universität von Cork zum Doktor der gesamten Heilkunde. Das

Anna Dengel
nach ihrer Promotion, 1919

1919, beim Operieren während ihrer Ausbildung (rechte Seite)

Geld für die Prüfungsgebühren musste sie sich von einer Professorin der Universität ausleihen. „*Dies war die einzige Geldschuld, die ich je machte. Ich zahlte sie von meinem ersten Gehalt zurück*", erzählt sie in ihren Erinnerungen. Das Glück, endlich promovierte Ärztin zu sein, konnte sie nicht mit ihrer Familie teilen. Der Krieg war zwar 1918 zu Ende gegangen, aber der Kontakt mit der Heimat war noch immer schwierig.

Mit dem Problem, als Frau in einem überwiegend von Männern dominierten Bereich tätig zu werden, wurde sie gleich bei der Suche nach einer Anstellung konfrontiert. Im Krankenhaus von Cork erklärte man ihr ganz offen, dass man weibliche Ärzte keinesfalls einstellen werde, selbst wenn sie noch so gute Studiumsergebnisse vorzuweisen hätten. Es gab an diesem katholischen Spital noch nie Ärztinnen und dabei werde es auch bleiben. Eine Erfahrung, die Anna Dengel in ihrem künftigen Einsatz für die Gleichberechtigung der Frauen noch mehr bestärkte.

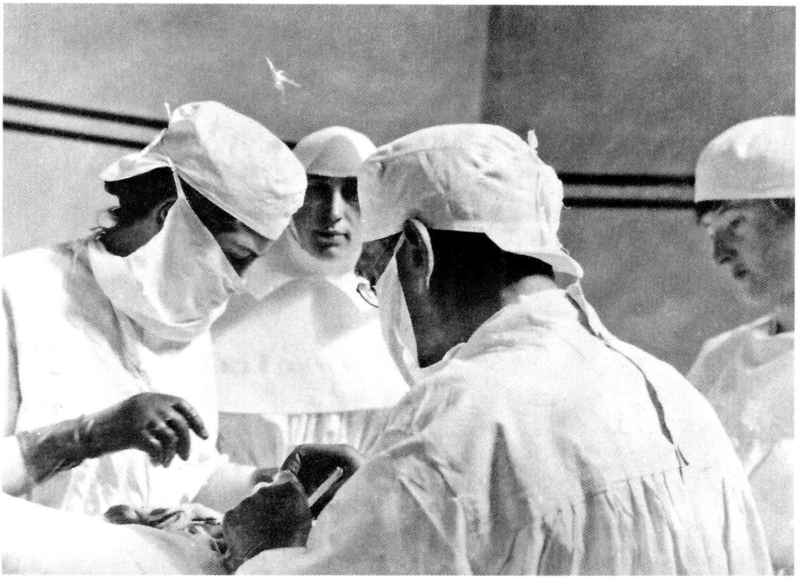

Auch ihr Plan, so bald wie möglich nach Indien zu fahren, ließ sich nicht so leicht umsetzen. Für Staatsbürger ehemaliger „Feindländer" – und das war auch die neue Republik Deutschösterreich – war der Erhalt eines Visums, das zur Einreise in eine britische Kolonie berechtigte, mit großen Schwierigkeiten verbunden. Die Erteilung könnte, so wurde Anna gesagt, bis zu fünf Jahre dauern. Wo und vor allem wovon sollte sie inzwischen leben, denn das ihr gewährte Stipendium war mit Beendigung des Studiums abgelaufen? Über eine Annonce in einer Ärztezeitung bekam Anna Dengel eine Stelle als Hilfsärztin in Clay Cross (Derbyshire) in der Nähe von Nottingham vermittelt, eine Stadt im mittelenglischen Bergbaugebiet. Mit der medizinischen Praxis wurde sie in der Gemeinschaftspraxis zweier Ärzte vertraut und die vielfältige Arbeit bot eine gute Basis für ihre spätere Arbeit in Indien.

Dank der Beziehungen des „Medical Mission Committees" wurde das sehnlich erwartete Visum für Indien aber doch schon nach wenigen Monaten erteilt. Anna war überglücklich, auch wenn ihr Chef Dr. Wilson ihr von der Reise und der Arbeit abriet, diese sei „für eine Frau viel zu gefährlich und Indien ein furchtbares Land". Auch die Genehmigung für die Fahrt nach Österreich hielt sie bald in den Händen. Bevor sie wieder auf eine große Reise ging, wollte sie unbedingt der Heimat und der Familie einen Besuch abstatten. Nach fast sieben Jahren gab es endlich ein Wiedersehen mit den Eltern und Geschwistern, Verwandten und Freunden. Die Freude darüber war riesig. Vieles gab es auf beiden Seiten zu berichten, denn in diesen sieben Jahren war viel passiert. Nicht nur die Welt hatte sich verändert, sondern der Krieg hatte die Menschen auch geprägt und ihre Lebensbedingungen verändert. Anna konnte sich an den schneebedeckten Berggipfeln nicht sattsehen. Das Genießen der heimatlichen Welt währte aber viel zu kurz, die nächste gravierende Veränderung im Leben der Anna Dengel, auf die ihr ganzes Sinnen und Trachten ausgerichtet war, begann sich zu realisieren. Ein tränenreicher Abschied – für wie lange diesmal? – und zurück ging es nach London.

Im Büro des „Medical Mission Committee" erfuhr sie von Pauline Willis, dass das Visum schon eingelangt sei und der Reise nach Rawalpindi nichts mehr im Wege stünde. Die Arbeit in Clay Cross musste beendet, Koffer gepackt werden und wieder hieß es, Vertrautes zurückzulassen. Am 15. Oktober 1920 stach der Dampfer „Kaisar-i-Hind" zur vierwöchigen Fahrt nach Bombay vom Londoner Hafen aus in See. An Bord neben englischen Kolonialbeamten auch die Österreicherin Dr. Anna Dengel. Man wunderte sich kaum darüber, dass die junge Frau allein auf eine so große Reise ging. Erstaunt war man dagegen nur, dass sie Ärztin war, denn weibliche Medizinerinnen zählten noch zur Ausnahme. Anna genoss die Reise, mit der sie der Umsetzung ihres Traumes wieder einen Schritt näher kam.

4. Kapitel

Auf der Suche nach Weg und Ziel

Sehr viel geschlafen hatte Anna Dengel in der ersten Nacht in Rawalpindi nicht. Viele Gedanken jagten ihr durch den Kopf, der Klimawechsel und die Strapazen der Reise machten ihr ebenfalls zu schaffen. Auch die ungewohnten Geräusche der Nacht rissen sie immer wieder aus dem Schlaf. Trotzdem war sie am frühen Morgen pünktlich an ihrem neuen Arbeitsplatz, der gleich gegenüber dem Kloster der Franziskanermissionarinnen Mariens lag, wo sie vorläufig wohnte. Ihre künftige Wohnung im Ärztehaus des Spitals wurde gerade renoviert.

Das St.-Katharinen-Spital war ein im Bungalowstil erbautes Gebäude. Im Anbau desselben befanden sich der Operationssaal und einige Zimmer, die als Isolierstation benutzt wurden. Das Spital hatte zwar nur Platz für 25 Patienten, meistens hielt sich aber die doppelte und dreifache Menge an Menschen in den Räumen auf. Kranke, die ins Spital mussten, wurden oft von einem Großteil ihrer Familienangehörigen begleitet, die ihr Leben kurzfristig ins Krankenzimmer verlagerten. Ein von lautem Geschnatter und Kindergeschrei begleitetes Kommen und Gehen war dadurch die Folge.

Der Tagesablauf von Dr. Dengel war streng geregelt. Nach der Morgenmesse ging es zur Visite, dann nahm die Arbeit in der Ambulanz fast fünf Stunden in Anspruch. Im Durchschnitt kamen täglich

Alltag einer Ärztin in Indien am Beginn des 20. Jahrhunderts

50 bis 70 Patienten, vor allem Hindufrauen mit Kindern. Nach notwendigen operativen Eingriffen ging es am Nachmittag auf Hausbesuche. Dabei trug auch die junge Ärztin sehr oft, vor allem bei Visiten in der „Pindi", der Altstadt von Rawalpindi, die traditionelle „Pardah" (englisch „Purdah"). Ein von muslimischen Frauen, vor allem in Indien und Afghanistan getragenes Kleidungsstück, das den Körper der Trägerin total verhüllte. Anna wollte nicht provozieren, sondern sich den üblichen Gebräuchen anpassen, denn fremde Frauen waren sowieso in der vor allem von Muslimen bewohnten Pindi eher unerwünscht. In der Art sich zu bewegen, wird man sie als Fremde, die sich dahinter verbarg, aber trotzdem erkannt haben. Außerdem verriet ihr Arztkoffer, wer hier unterwegs war.

Ambulanzbetrieb im Freien

Für sie als Europäerin tat sich hier eine vollkommen neue Welt auf. Was sie vor allem entsetzte, war aber die den Frauen aufgezwungene Lebensweise und die hygienischen Verhältnisse. In den Häusern der Wohlhabenden herrschte zwar ein gewisser Luxus, aber trotzdem lebten die mit Schmuck behängten Frauen in ihren abgegrenzten Gemächern („Zenana") wie in einem Gefängnis. In den Lehmhütten der Armen herrschte wiederum unbeschreiblicher Schmutz und eingeschränkt in ihrer Lebensweise waren die Frauen hier genauso. Wurde eine Frau krank, holte ein männliches Mitglied der Familie, Ehemann oder Vater, ärztlichen Rat ein. In der Praxis bedeutete dies, dass dieser zwischen dem Arzt und der Kranken hin- und herpendeln musste, bis auf Grund der angegebenen Symptome eine „Ferndiagnose" gestellt werden konnte. So manche Kranke, deren Leiden heilbar gewesen wäre, überlebte diesen zeitaufwändigen Frage-Antwort-Ablauf nicht. Die Lebenserwartung der Frauen lag damals bei 29 Jahren.

Ganz schlimm stand es um werdende Mütter. Eine Betreuung während der Schwangerschaft gab es nicht. Rückte die Zeit der Geburt heran, wurde die Dai, eine erfahrene, weise Frau, als Hebamme geholt. Bei den Armen übernahm diese Aufgabe meist eine Nachbarin. Die Gebärende musste, umringt von Frauen in einem dunklen Raum, in dem alle Fenster geschlossen waren und eine stickige Luft herrschte, ihr Kind auf die Welt bringen. Komplikationen bei der Geburt führten sehr oft zum Tod der Mutter oder des Kindes, manchmal auch beider. Die Mütter wurden nach der Geburt als „unrein" betrachtet und daher sich selbst überlassen. Sie bekamen ihr Essen zugeschoben, aber mehr nicht. Mangels einfachster hygienischer Bedingungen wurden daher viele das Opfer von Kindbettfieber. Zur Desinfektion wurde Weihrauch in die Scheide eingeführt. Als Mittel gegen Durchfall gab man Neugeborenen zum Lutschen eine in Bananenblätter eingewickelte Aloe-vera-Pflanze, die vorher im Feuer geröstet wurde. Um das „böse Auge" von den Neugeborenen abzulenken, band man Federn um ihre Arme oder malte ihnen schwarze Zeichen ins Gesicht.

Mit komplizierten Geburten wurde Anna Dengel vermehrt im Krankenhaus konfrontiert, da es sich herumgesprochen hatte, es gäbe dort nun auch eine weibliche Ärztin. In Anspruch nahmen dies überwiegend Hindufrauen, die gegenüber den muslimischen Frauen doch mehr persönliche Freiheit hatten. Für Anna allein war die Arbeit fast nicht mehr zu bewältigen. In der Geburtshilfe stand ihr keine qualifizierte Hilfskraft zur Verfügung. Die aus Rangun angeforderte anglo-indische Hebamme, eine ehemalige Franziskaner-Tertiarin und jetzt Mutter von fünf Kindern, war überwiegend bei Hausgeburten in der Stadt und in der dörflichen Umgebung unterwegs. Als Anna Dengel bei der Oberin der Franziskanermissionarinnen um Freistellung einer Schwester zur Unterstützung für den Geburtsbereich vorsprach, erntete sie nur entsetzte Abwehr. Wisse sie denn nicht, dass es Ordensfrauen kirchenrechtlich verboten sei, bei einem Geburtsakt anwesend oder gar tätig zu sein? Das stimmte, aber als Ärztin und Christin konnte sich Anna Dengel nicht mit den bestehenden Regeln der Kirche abfinden: *„Je mehr ich sehe, desto mehr komme ich zur Überzeugung, dass es einfach unchristlich ist und verantwortungslos, diesen Frauen in der Stunde der Niederkunft nicht zu helfen. Ganz im Gegenteil, es ist Gebot der Stunde und tätige Nächstenliebe, denn Mutterschaft ist ein Geschenk Gottes an die Frau."*

Sie hatte es selbst erlebt, dass eine sie auf Hausbesuchen begleitende Ordensfrau die Flucht ergriff, als sie sah, dass die Patientin schwanger war. Unter anderen Umständen hätte es sie belustigt, als ihr eine bei der Arbeit im Spital zur Seite stehende Nonne die für eine schwierige Geburt notwendigen medizinischen Instrumente nur durch einen Türspalt reichte – betreten durfte sie das Zimmer laut kirchlicher Anordnung ja nicht. Im Stress der Situation fand Anna dies alles andere als komisch.

Mit der ihr eigenen Hartnäckigkeit konnte sie die Ordensoberin der Franziskanermissionarinnen Mariens veranlassen, ein Schreiben nach Rom an die zuständige vatikanische Stelle zu richten, um die bestehende Situation zu schildern. Sie sollte nicht nur auf den Mangel an Hilfskräften hinweisen, der durch ausgebildete Ordensfrauen durchaus behoben werden könnte, sondern auch auf das dadurch entstehende Leid durch die mangelnde medizinische Versorgung an Frauen, Müttern und Kindern. Umsonst – Rom signalisierte keine Zugeständnisse. Für Anna Dengel wurde die Änderung dieser Haltung der Kirche zu einer Lebensaufgabe. *„Diese Einstellung und die Hilflosigkeit, Müttern in ihrer Stunde der Niederkunft nicht beistehen zu können … hat mich tief getroffen und immer wieder angespornt, diese Situation zu ändern."*

Als Ärztin in Rawalpindi,
1921 ...

Als in Pune, einige Bahnstunden von Bombay entfernt, ein ärztlicher Fortbildungskurs angeboten wurde, nahm sie daran teil. Der Gedankenaustausch mit Kolleginnen, die der protestantischen Kirche angehörten, war sehr anregend. Diese waren äußerst erstaunt auch einmal eine katholische Ärztin in ihrem Kreis vorzufinden. Mit 252 Missionsspitälern sowie einigen Schwesternschulen waren die Protestanten in Indien gut vertreten. Dagegen gab es nur sieben katholische Missionsspitäler, die eher eine eingeschränkte medizinische Betreuung zu bieten hatten. Diese Begegnung mit Arztkolleginnen machte Anna Dengel noch mehr klar, dass die katholische Kirche mit ihrem nicht nachvollziehbaren Verbot nicht nur die Lebensrealität der Menschen in den Missionsländern ignorierte, sondern dadurch auch das missionsärztliche Apostolat völlig ausklammerte.

… zu Pferd auf Visite

Bei ihrem Aufenthalt in Pune ahnte sie kaum, dass in dieser Universitätsstadt einmal eine Ausbildungsstätte für die von ihr gegründete Gemeinschaft der Missionsärztlichen Schwestern entstehen würde. Und dass sie dafür einen Lehrer gewinnen konnte, der die dringend notwendige neue Ausrichtung der Mission bereits früh erfasste. Es handelte sich um den Jesuiten Josef Neuner, der später als Konzilstheologe am Zweiten Vatikanischen Konzil teilnahm und wesentlich zur Erstellung des Konzilsdekretes „Nostra aetate" (Erklärung über das Verhältnis der Kirche zu den nichtchristlichen Religionen) beitrug.

Anna Dengels Tage waren vom frühen Morgen bis zum späten Abend restlos mit Arbeit ausgefüllt. Die Mundpropaganda hatte dafür gesorgt, dass immer mehr Menschen die Hilfe der jungen Ärztin in Anspruch zu nehmen begannen. Sehr zeitaufwändig waren vor allem die Hausbesuche, die sie großteils nur noch per Rad oder sogar per Maulesel bewältigen konnte. Das entstandene Vertrauensverhältnis zur einheimischen Bevölkerung freute Anna, aber wie sollte sie den wachsenden Anforderungen in einem viel zu kleinen Hospital und mit einem Minimum an Personal auf Dauer nachkommen? Auf ihre, an das Komitee in London gerichtete Schilderung der Lage kam als Antwort eine Vertröstung auf später. Die Folgen des Krieges ließen noch keine Zukunftspläne zu. Mit einem Wort, es war derzeit kein Geld für einen Ausbau des Hospitals und für mehr Personal vorhanden.

Ein weiteres Problem bei der täglichen Arbeit im Spital war das bei den Hindus herrschende Kastenwesen. Mit viel Fingerspitzengefühl musste die höhere Kaste von der niedrigeren getrennt behandelt werden. Hindus dürfen außerdem nur das essen, was von einem Angehörigen ihrer Kaste zubereitet wurde. Hier niemanden in seinen Gefühlen zu verletzen und trotzdem die Versorgung möglichst reibungslos abzuwickeln, erforderte viel Geschick von den Betreuern. In ihrer entschiedenen Abwehr gegenüber den „out-casts" (Kastenlosen) waren sich aber alle Hindupatienten wieder einig. Zu den „out-casts" zählten auch die europäischen Ordensfrauen, was bei der Pflege oft kaum zu lösende Probleme heraufbeschwor. Was tun, wenn eine Hindufrau sich weigerte, ein Glas Wasser von der Krankenschwester anzunehmen, da diese ja eine Kastenlose wäre?

Für sich selbst einmal ungestört Zeit zu haben wurde für Anna zu einem Luxus. Eine Verschnaufpause boten die viel zu seltenen Gespräche mit Freunden. Besonders angefreundet hatte sie sich mit der indischen Kaufmannsfamilie D'Souza. Von dieser wurde sie eingeführt in das Leben sowie die Kultur des Landes und lernte dadurch auch die Denkweise der Bevölkerung besser verstehen. Die vom Alltag der Menschen etwas abgeschottet lebenden Franziska-

Vor allem Frauen mit Kindern suchen die Missionsärztin auf.

nermissionarinnen konnten ihr darüber nur wenig erzählen. Als die D'Souzas Nachwuchs bekamen, wurde Anna Dengel Taufpatin der kleinen Theresa Anna Maria.

Über ihre Sorgen betreffend die prekäre wirtschaftliche Situation und den personellen Engpass des Hospitals konnte sie mit Monsignore Robert J. Winkley sprechen, der Verständnis hatte, da er die Situation kannte. Er war der Nachfolger von Präfekt Domenico Wagenaar im Bistum Islamabad-Rawalpindi, der Agnes McLaren seinerzeit von der medizinischen Unterversorgung der muslimischen Frauen erzählt hatte. Durch seine eindringlichen Schilderungen wurde die schottische Ärztin zur Errichtung des St.-Katharinen-Spitals motiviert. Sein Nachfolger Winkley gehörte der Missionsgesellschaft des heiligen Josef von Mill Hill an. Ein Orden, in den auch

Mit ihrem Patenkind
Theresa D'Souza

Josef, ein Bruder von Anna Dengel eintrat und später ebenfalls in Indien als Missionar tätig war.

Die Zeit, ausgefüllt mit Arbeit und wieder Arbeit, verging wie im Flug. Mehr als drei Jahre war Anna Dengel nun schon in Rawalpindi. Einerseits war sie glücklich, dass sich ihre Träume endlich realisiert hatten, andererseits stieg immer mehr ein Gefühl des Unbefriedigtseins in ihr auf. War sie überarbeitet, war sie depressiv? Sie konnte ihre Gefühle selbst nicht einordnen. Später wird sie diese Phase *„Nacht der Seele"* nennen. Anna vertraute sich ihrem Beichtvater Pater White an, ebenfalls ein Mill-Hill-Missionar. Sie erzählte ihm von den zunehmenden Zweifeln darüber, ob sie wirklich schon den richtigen Weg gefunden hätte, auf den sie Gott führen wollte. Für den jungen Pater war klar, hier zeichnet sich eine Berufung zu einem geistlichen Leben ab. Er riet ihr, in einen Orden einzutreten, am besten bei den Franziskanermissionarinnen Mariens, die sie durch die bestehende Zusammenarbeit bereits gut kenne.

„Obwohl ich nicht Feuer und Flamme sein konnte, handelte ich doch im Gehorsam gegenüber meinem Beichtvater“ – so beschrieb Anna Dengel später ihre Haltung zum gegebenen Rat. Sie konnte sich nicht ganz damit identifizieren – dies würde nämlich bedeuten, dass sie ihren über alles geliebten Beruf aufgeben müsste. Außerdem, wie würde sie sich, die bisher ihre Entscheidungen in vollkommener Unabhängigkeit gefällt hatte, in eine Gemeinschaft einordnen können? Die Zweifel in ihr, was ihr Lebensziel eigentlich sei, wurden auch durch diese vorgeschlagene Lösung nicht weniger: Nahm sie jetzt eine fremde Entscheidung als die ihre an? Aufgewachsen im Gehorsam gegenüber Vertretern des geistlichen Standes richtete sie trotzdem an die Generaloberin des Ordens ihr Ansuchen um Aufnahme in die Gemeinschaft der Franziskanermissionarinnen Mariens. In diesem Schreiben vom 25. März 1923 bekannte sie aber offen, dass *„es für mich ein großes Opfer bedeutet, mein Ziel, als Missionarin auch medizinisch tätig zu sein, damit aufzugeben“*. Trotzdem nahm man sie natürlich mit offenen Armen auf, denn alles andere werde sich, so die Meinung der Ordensoberen, schon fügen. Man war es gewohnt, dass bei manchen Eintrittswilligen anfangs Bedenken über die Richtigkeit des Entschlusses auftauchten. Ihr Noviziat sollte sie in einem Kloster des Ordens in Italien, südlich von Rom, in Grottaferrata absolvieren.

Bevor sie diese Reise antreten konnte, hatte Anna Dengel noch zwei Dinge zu erledigen. Sie musste das „Medical Missions Committee“ in London über ihren Entschluss informieren und eine Nachfolgerin für das Spital in Rawalpindi finden. Als sie den Brief an das Komitee schrieb, hatte sie schon ein mulmiges Gefühl. Schließlich wollte sie nicht als undankbar gelten, weil sie jetzt plötzlich einen anderen Weg als ursprünglich geplant einschlagen wollte. In London zeigte man Verständnis, bedauerte aber, dass Rawalpindi nun eine hervorragende Ärztin verlieren würde. Man wünsche ihr aber Glück und Zufriedenheit für ihre geistliche Berufung. Eine Nachfolgerin fand sich

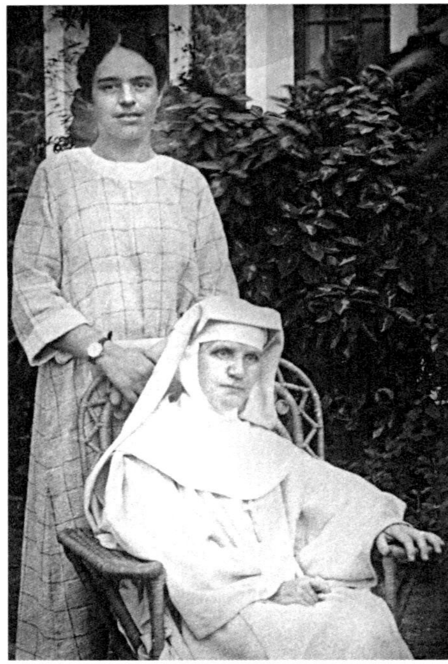

Anna Dengel mit einer Ordensschwester der Franziskanermissionarinnen Mariens, 1924

auch in einer Ärztin aus Bombay, die der Religion der Parsen angehörte. Nachdem Dr. Wadia eingeschult worden war, trat Anna Dengel mit etwas schwerem Herzen im Juni 1924 die Reise nach Europa an. Bevor sie das Schiff in Bombay bestieg, besuchte sie noch den katholischen Erzbischof Alban Goodier. Der Jesuit bedauerte ebenfalls ihre Abreise und verstärkte bei diesem Gespräch noch ihre inneren Zweifel, als er feststellte: „Wir Bischöfe hätten hier in Indien gerne mehr Spitäler. Der medizinische Bedarf ist groß. Es gibt nur keine Ordensfrauen für die ärztliche Betreuung." Wieder war es dieses kirchenrechtliche Verbot, welches einer umfassenden medizinischen Hilfe im Wege stand!

Vor ihrem Eintritt ins Noviziat in Grottaferrata wollte sie aber noch nach Hause fahren, um einige Tage bei ihrer Familie in Hall zu verbringen. Schließlich sollten ihre Angehörigen wissen, warum sie sich zu dieser Entscheidung durchgerungen hatte. Zufall oder Fügung, es kam alles anders als geplant.

Auf ihrem Weg nach Tirol machte sie noch einen Abstecher nach Würzburg. Ihr Besuch galt dem Missionsärztlichen Institut, das 1922 vom Salvatorianerpater Christoph Becker gegründet wurde. Mehr als zehn Jahre war er als Apostolischer Präfekt in Assam in Indien tätig gewesen. Er wusste, was die Menschen in den Missionsländern dringend benötigten – nämlich nicht nur pastorale, sondern auch profunde medizinische Hilfe. Zurückgekehrt nach Europa konnte er verschiedene Missionsvereine und Missionsorden zur Gründung des Missionsärztlichen Instituts motivieren. Das Ziel des Instituts war „die fachgemäße Ausbildung und missionarische Vorbereitung katholischer Ärzte und Ärztinnen sowie Studenten und Studentinnen der Medizin". Die Absolventen mussten sich verpflichten nach der Ausbildung zehn Jahre in einem Missionsland tätig zu sein.

Mit Monsignore Becker hatte Anna Dengel schon länger brieflichen Kontakt. Zufällig las sie in einer Ausgabe der Fachzeitschrift „Universe" von der Gründung dieses Institutes. Die von ihm geforderten Grundvoraussetzungen für die Arbeit in der Mission sprachen sie ungemein an. In einem Brief vom 23. Juni 1923 schrieb sie an P. Becker: *„Ich muss Ihnen sagen, dass eine große Freude über mich kam, als ich zufälligerweise im ‚Universe' ein paar Zeilen sah, die mir die Gründung Ihres Institutes verkündeten. Ich bin erst drei Jahre im Missionsfelde, aber in dieser kurzen Zeit habe ich gesehen, wie viel es zu tun gibt, und wie hilflos man allein ist. Nun ein Institut oder etwas Ähnliches kann Bleibendes und Verlässliches schaffen. Das Feld ist groß, die Arbeiter werden sicher auch nicht fehlen."*

Am 7. Juli 1924 traf sie in Würzburg ein und der Empfang war sehr herzlich, endlich konnte man sich persönlich intensiver austauschen. Enttäuscht zeigte sich Monsignore Becker aber, als er vom beabsichtigten Klostereintritt Anna Dengels erfuhr. Er hätte sie gerne als Mitarbeiterin im Institut gehabt. Auch er hegte Zweifel, ob der

Eintritt in einen Orden für Anna der richtige Weg sei. Seine Meinung war, dass sie als medizinisch ausgebildete Missionarin mehr für die Menschen tun könne wie als Nonne in einem Kloster. Diesen Schritt nur aus reinem Gehorsam zu tun, halte er für nicht richtig.

Zu einem der vielen Gespräche, die sie mit dem Institutsleiter führte, gesellte sich unerwartet ein langjähriger Freund von Christoph Becker, der Mill-Hill-Missionar Frans Kuhn. Die Überraschung war auf beiden Seiten groß, denn Anna Dengel kannte Kuhn aus Rawalpindi, wo dieser lange tätig gewesen war. Auch er war über die Entscheidung von Anna Dengel etwas verblüfft. Er lud Anna zu einem längeren Gespräch unter vier Augen in den nächsten Tagen in seine nahe Würzburg gelegene Pfarrei ein. Anna Dengel nahm dankbar die Einladung an, denn instinktiv fühlte sie, dass sie jetzt an einem wichtigen Wendepunkt angelangt war. Das Gespräch mit dem gut zuhörenden Priester dauerte lange. Anna redete sich alle Zweifel, alles Für und Wider von der Seele. Die Meinung des Missionars war für sie sehr wichtig, denn er kannte die Situation in Indien, ebenso die Haltung der Kirche zur medizinischen Tätigkeit von Ordensleuten und wusste auch um ihr ärztliches Engagement bestens Bescheid. Das Ergebnis des Zusammentreffens war, dass P. Kuhn ihr empfahl, noch Exerzitien zu machen, bevor sie sich endgültig entscheide.

Als Anna Dengel am 10. Juli Abschied von Würzburg nahm, überkam sie eine innere Ruhe. Sie fühlte, dass sich eine Entscheidung für ihren weiteren Lebensweg abzuzeichnen begann. Es war richtig gewesen, in Würzburg Station gemacht zu haben. In diesen Tagen war sie mit Menschen ins Gespräch gekommen, die ihr zugehört und sie verstanden hatten. Der Abschied von Monsignore Becker war besonders herzlich. Beide blieben in persönlichem brieflichen Kontakt bis zum Tod von Monsignore Becker im Jahre 1937. Als Anna Dengel ihre missionsärztliche Schwesterngemeinschaft in Amerika gegründet hatte, entstand mit dem Würzburger Institut hinsichtlich Personalfragen auch eine intensivere Zusammenarbeit. Bereits akademisch ausgebildete Frauen zu finden, die dieser Gemeinschaft als Missionarin beitreten wollten, war anfangs ein großes Problem. Über das Missionsärztliche Institut erhoffte sie sich, dass sich junge Frauen aus Deutschland dafür interessieren würden. In einem Brief vom 5. April 1933 schrieb sie u. a. an Monsignore Becker: *„Bitte, posaunen Sie es nur aus in Deutschland, dass wir viele Missionärinnen brauchen. Durch Ihre Bemühungen haben wir jetzt neun Deutsche ...“* Bei jedem Europa-Besuch war für Anna Dengel in den kommenden Jahren auch Würzburg ein Programmpunkt.

Doch zurück in das Jahr 1924. Als sich der Zug Innsbruck näherte, wusste Anna Dengel, was sie in den zurückliegenden Jahren vermisst hatte – die Tiroler Berge. Beim Anblick der Nordkette fühlte sie: *„Jetzt bin ich zu Hause.“* In Hall wurde sie bereits von den Eltern und Geschwistern sehnsüchtig erwartet. Viel gab es auf beiden Seiten zu erzählen. Anna war aber etwas unruhig. Sie erklärte ihrer Familie, dass sie nach Innsbruck müsse, um sich bei Exerzitien Klarheit zu verschaffen, wie ihr Leben weitergehen solle.

Das Jesuitenkolleg in Innsbruck wurde 1562 vom heiligen Petrus Canisius gegründet. Der riesige Gebäudekomplex samt Kirche liegt in der Sillgasse, nahe der kaiserlichen Hofburg. Anna Dengel erklärte dem Pförtner, was ihr Wunsch sei, nämlich dreitägige Exerzitien zu machen und man möge ihr einen geistlichen Begleiter nennen. Bereits am nächsten Tag erhielt sie die Antwort. Sie solle sich bei P. Rochus Rimml melden.

Rimml war Tiroler, stammte aus dem Pitztal und war ein sehr ruhiger, bescheidener, besonders gut zuhörender Mann. So beschrieben ihn zwei seiner Schüler in ihren Lebenserinnerungen. Rimml hatte nämlich in seiner kirchlichen Laufbahn für einige Jahre auch die Position des Rektors des Collegium Germanicums in Rom inne. Unter den Alumnen befanden sich zwei junge Männer aus Österreich, Franz König und Karl Berg. Beide wurden später Erzbischöfe, der eine in Wien, der andere in Salzburg und beide blieben mit dem Jesuiten Rimml bis zu seinem Tod 1958 verbunden.

Er dürfte auch der richtige Zuhörer für Anna Dengel gewesen sein. Im Gespräch mit ihm, vor allem durch seine gezielten Fragen wurde ihr so vieles erst richtig bewusst. Dinge, die sie sich bis jetzt nicht eingestehen konnte oder wollte. Sie erzählte ihm von ihrem bisherigen Leben und dem möglichen Eintritt in ein Kloster. Für den Jesuiten entstand das Bild einer jungen Frau, die leidenschaftlich an ihrem Arztberuf hing, die daher genau erkannt hatte, wo in den Missionsländern Hilfe benötigt wurde und wo die Kirche künftig bei ihrer Missionsaufgabe verstärkt aktiv werden müsste. Eine Frau, die mutig, konsequent und mit einer gewissen Hartnäckigkeit bereits bis jetzt ihre Ziele verfolgt hatte und den notwendigen Pioniergeist besaß, um auch Neues umzusetzen. P. Rimml besprach seine Eindrücke, vor allem seine daraus gezogenen Schlussfolgerungen, auch mit einem Mitbruder. Er wollte sich selbst ganz sicher sein, bevor er der Ratsuchenden ein Ziel vorgab, das zu akzeptieren sie sich im Beichtgespräch bereit erklärt hatte.

Nach drei Tagen, nach der Feier der heiligen Messe zu Ehren des Heiligen Geistes, teilte P. Rimml Anna Dengel seine Entscheidung mit: Sie solle den Gedanken aufgeben, in ein Kloster einzutreten; sie solle eine eigene Gemeinschaft gründen, die sich ganz dem missionsärztlichen Apostolat widmete; trotz aller sich ergebenden Schwierigkeiten müsse sie immer in Verbindung mit der zuständigen kirchlichen Leitung bleiben. – Vor allem dürfe sie keinen Augenblick zweifeln, dass dieser Weg der Wille Gottes für sie sei.

Anna Dengel schrieb später über das Gefühl, dass sie erfasste, als sie diesen Rat bekam: „*Obschon ich nicht die geringste Ahnung hatte, wie, wann und wo ich das tun könnte, war ich für alles bereit. Eine schwere Last fiel mir durch diese Entscheidung vom Herzen, denn sie traf wie ein Schuss die Zielscheibe und war in voller Übereinstimmung mit meiner eigenen innersten Überzeugung. Ich war bereit.*“

Anna Dengel macht 1924 wegweisende Exerzitien bei P. Rochus Rimml SJ in Innsbruck.

Mit P. Rochus Rimml hielt Anna Dengel weiter Kontakt und der Briefwechsel mit ihm blieb, auch nach der kriegsbedingten Pause, bis zu seinem Tod aufrecht. Sie berichtete ihm immer über die Entwicklung und das Wachsen der von ihr gegründeten Gemeinschaft, denn schließlich war es ja er gewesen, der den Grundgedanken dafür legte. Bei ihren Heimaturlauben nach 1945 suchte Anna ihn persönlich auch immer wieder auf.

Die erste Tat nach den Exerzitien war, dass sie nun dringend einige Briefe schreiben musste. Der erste ging an die Generaloberin der Franziskanermissionarinnen Mariens, in dem sie den Entschluss bekanntgab, nicht in den Orden einzutreten. Den zweiten Brief schrieb sie an P. White, der ihr dies empfohlen hatte, und den sie um Verständnis für ihr geändertes Lebensziel bat. Der dritte Brief ging nach London. Sie wollte mit Pauline Willis vom „Medical Missions Committee" die geänderte Lage und die künftigen Pläne besprechen. Deshalb wollte sie nach London kommen, denn sie war jetzt bereit, sich mit Gottes Hilfe auf den Weg zu machen.

5. Kapitel

Weiblicher Pioniergeist …

In ganz Europa waren Anfang der 20er-Jahre die durch den Krieg verursachten Wunden noch nicht vernarbt. Vor allem in den Ländern der einstigen Habsburger-Monarchie wurde um die nationale Identität und politische Selbständigkeit gerungen. Die Inflation hatte 1924 ihren Höchststand erreicht, die wirtschaftliche Situation steuerte auf einen Tiefpunkt zu. Die Zahl der Arbeitslosen, vor allem der Ausgesteuerten, die keine staatliche Unterstützung mehr erhielten, stieg rasant an. Die Politik bekam die Lage nur schwer in den Griff. An eine Zukunft der neuen Republik Deutschösterreich glaubten sowieso nur wenige Menschen. Durch einen Anschluss an Deutschland erhofften sich viele den notwendigen wirtschaftlichen Aufschwung. In einer inoffiziellen Volksabstimmung im Jahre 1921 in Tirol, der Heimat von Anna Dengel, stimmten bereits damals 98,8 Prozent für einen Anschluss. Die Angliederung an Deutschland kam Jahre später, 1938 – aber anders, als es sich viele Österreicher erwartet hatten.

In diesen politisch wie wirtschaftlich unsicheren Zeiten begab sich die Ärztin Anna Dengel wieder auf Reisen. Sie war Realistin genug, um zu sehen, dass sie ihre noch vagen Ideen in diesem krisengeschüttelten Europa kaum umsetzen konnte. Die Menschen hier waren noch mit ihrer eigenen Existenzsicherung beschäftigt und würden daher kaum Verständnis für die Notlage der Menschen in Indien auf-

Auf der Überfahrt nach New York mit Pauline Willis

bringen. London war ihr Ziel und mit Pauline Willis, der Sekretärin des „Medical Mission Committees" wollte sie ihre noch unausgereiften Gedanken besprechen.

Bei ihr fand Anna ein offenes Ohr. Im Gespräch kam der Gedanke auf, in Amerika eine Informationskampagne zu wagen. Pauline Willis war Amerikanerin, aus Boston gebürtig, ihre Familie war aus gesundheitlichen Gründen wegen eines Sohnes nach England übersiedelt. Pauline hatte noch viele Freunde und Bekannte in den New England Staaten und könnte auch einige Kontakte wieder auffrischen. Sie war ja auch Gründungsmitglied der „Catholic Women's League" (Katholischer Frauenverein) in Boston. Brieflich wurden sofort die ersten Fäden geknüpft, auch mit dem „Medical Mission Board", einer 1912 in New York gegründeten karitativen Einrichtung. Von dieser bekamen sie eine eher negative Nachricht. Man riet den beiden engagierten Frauen von einer Reise nach Amerika ab, denn sie würden hier kaum Interesse für ihre Anliegen finden. Was die beiden aber von ihrer Reise nicht abhielt.

Zufällig weilte, als sie ihre Reisepläne schmiedeten, auch Monsignore Robert J. Winkley, Anna Dengels Berater in Rawalpindi, in London. Bei ihm fanden sie nicht nur die dringende moralische Unterstützung ihrer Pläne, sondern bekamen auch einige Empfehlungsschreiben mit. Zusätzlich aber auch noch einen guten Rat: „Nehmen Sie zwei Reisekoffer mit, einen großen für die Enttäuschungen und einen kleinen für die angenehmen Dinge."

Am 25. Oktober 1924 bestiegen Anna Dengel und Pauline Willis ein Frachtschiff Richtung New York. An Bord befanden sich außer der dreiköpfigen Besatzung nur die beiden Frauen. Die übrigen großen und kleinen Mitreisenden saßen wohlverwahrt in Käfigen. Ihr Bestimmungsort war ein Zoo, irgendwo in Amerika. Der Jahreszeit entsprechend war die zehntägige Überfahrt sehr stürmisch. Pauline und Anna lagen großteils seekrank in ihren Kabinen. Etwas bleich lehnten sie daher an der Reeling, als sie in New York landeten. Anna war überwältigt von der Szenerie, die sich ihr bot. Die Skyline der Wolkenkratzer, die Freiheitsstatue, unzählige Riesendampfer im Hafengebiet … sie betrat amerikanischen Boden und ahnte zu diesem Zeitpunkt wohl kaum, dass sie einmal Bürgerin dieses Landes werden und 35 Jahre ihres Lebens hier verbringen sollte.

Zu ihrer Überraschung wurden sie nun doch von zwei Vertretern des „Medical Mission Board", Dr. Paluel Flagg und Father Considine, empfangen, die sie sehr herzlich auf amerikanischem Boden begrüßten. Vermutlich wollten die Herren, nachdem sich die beiden Damen von dieser Reise nicht abhielten ließen, doch Kontakt halten um zu sehen, was die beiden vorhatten. Deren Plan bestand darin, zuerst einmal nach Boston zu fahren, um dort mit Kardinal William H. O'Connell Kontakt aufzunehmen, der seit 1907 das Bistum leitete. Ein Gespräch wurde ihnen bald gewährt. Pauline Willis Redefluss war bei dieser Begegnung kaum zu bremsen, was den Kardinal veranlasste zu fragen, ob denn ihre Begleiterin der englischen Sprache nicht mächtig sei. Dem Anliegen der beiden Frauen, in Vorträgen auf das Los der Frauen und Kinder in Indien aufmerksam zu machen, stand er wohlwollend gegenüber. Er gab ihnen nur einen Rat: „Sät den Samen und lasst euch Zeit."

Die geplante Vortragstour lief gut an. Nach Boston und anderen Städten in Massachusetts hielt Anna Dengel auch in Providence im Bundesstaat Rhode Island in Colleges, Vereinen und Verbänden sowie Pfarreien wie geplant ihre Vorträge über die Lebensbedingungen der Frauen in Indien sowie über den Gesundheitszustand von Müttern und Kindern. Anschaulich erzählte sie auch über ihre Arbeit im Krankenhaus von Rawalpindi, ebenso über den Mangel an medizinisch geschultem Personal und über die Barrieren, die das Kastenwesen und die Religionen in Indien für gezielte Hilfe, vor allem bei Schwangerschaft und Geburt, oft darstellten. Das Interesse an den Veranstaltungen war groß und die Zuhörer äußerst interessiert. Vermutlich war Anna Dengel auch eine blendende Rednerin, die die Menschen für ihr Anliegen gewinnen konnte. Zurück nach New York erhielt sie plötzlich die Nachricht, dass der Leiter des kirchlichen Missionswerkes im Bistum New York diese Vorträge untersage. Er war informiert worden, dass zwei Frauen, Laiinnen noch dazu, ohne Genehmigung Informationsabende abhielten und auch Spenden sammeln würden. An diesem Abend hatte Anna Dengel bereits für einen Vortrag bei den Herz-Jesu-Schwestern zugesagt, den sie nur schwer absagen konnte. Sie wollte mit dem zuständigen Weihbischof deshalb vorher noch das Gespräch suchen, was aber nicht möglich war, denn er empfing sie einfach nicht. Sie entschloss sich aber trotzdem, den Vortrag zu halten.

Um die Angelegenheit zu bereinigen, riet man Anna Dengel, direkt Kontakt mit dem Erzbischof von New York, Kardinal Patrick Joseph Hayes, aufzunehmen. Hayes war für seine äußerst strenge moralische Haltung bekannt. Religiöse Zusammenkünfte durften nur mit seiner persönlichen Erlaubnis und genauer inhaltlicher Information abgehalten werden. Anna bekam sehr rasch einen Termin und erzählte ihm offen, dass sie eigentlich keine Genehmigung für ihre Vorträge habe, aber das Anliegen liege ihr so sehr am Herzen, deshalb möchte sie möglichst viele Menschen über die Lage in Indien informieren. Ihr Bericht, einige Fotos, die sie bei sich hatte und das Elend der Kinder zeigten, sowie das Empfehlungsschreiben von Monsignore Winkley halfen, die anfangs etwas frostige Stimmung aufzutauen. Das Ergebnis war, dass die couragierte Frau nicht nur die Erlaubnis für weitere Vorträge erhielt, sondern vom Kardinal persönlich auch einen Scheck über 1000 Dollar.

In New York musste sich Anna Dengel nun allein durchschlagen, denn Pauline Willis war wieder nach London zurückgekehrt. Doch ein Anfang durch sie war gemacht und die junge Österreicherin erhielt immer wieder von verschiedensten Organisationen Einladungen, wodurch stets neue Kontakte entstanden. Wie dankbar sie für die Unterstützung der Freundin war, darüber schrieb sie in ihr Tagebuch: „*... ihre Einführungen und Empfehlungen waren für mich von unschätzbarem Wert, denn ohne ihre vielseitigen Beziehungen und ihre Mithilfe, die sie mir in ihrem uneigennützigen Großmut gewährte, hätte ich nie diesen guten Anfang zustande gebracht. Sie hatte mir geholfen, mich in einer neuen Welt zurechtzufinden und herumzukommen ...*“

Eine billige Unterkunft fand Anna in einem Heim für berufstätige Mädchen. Es nahte Weihnachten und bevor sie noch trübe Gedanken überkamen, wie sie diese Tage allein und weit weg von der Familie verbringen sollte, kam eine Einladung zum Christmasdinner bei Dr. Flagg von der New Yorker Zweigstelle des „Medical Mission Board“.

Ein Essen am Weihnachtstag verlief in Amerika anders als im heimatlichen Tirol. Es war kein Zusammensein innerhalb der Familie, sondern eher ein gesellschaftliches Ereignis. Auf die Sitzordnung der

Gäste legte die Gastgeberin größtes Augenmerk, denn die jeweiligen Sitznachbarn mussten zusammenpassen. So lernte Dr. Anna Dengel erstmals P. Michael Mathis von der Kongregation vom Heiligen Kreuz (CSC) persönlich kennen. Gewusst voneinander hatten sie schon, da P. Mathis, der mit dem „Medical Mission Board" zusammenarbeitete, vor einigen Monaten einen Fragebogen an alle Missionskrankenhäuser verschickt hatte, um den Stand der Arbeit zu ermitteln. Anna Dengel hatte nicht nur den Fragebogen genau ausgefüllt, sondern auch schriftlich noch einige ihr am Herzen liegende Hinweise gegeben. Als Visitator seines Ordens hatte Mathis bei einem Indienbesuch ebenfalls die Probleme vor Ort kennengelernt. Es ergab sich dadurch für die Ärztin und den Missionspater eine durchaus interessante Unterhaltung. Anna Dengel ahnte damals kaum, dass sie durch P. Mathis in den nächsten Monaten zwar bei der Umsetzung ihrer Idee große Unterstützung finden wird, aber nach dem Aufbau ihrer Gemeinschaft auch in eine große, für sie persönlich existenzgefährdende Situation geraten würde. Bei diesem Dinner erzählte er ihr, dass er vier ausgewählte Krankenschwestern in das städtische Krankenhaus nach Dhaka gesandt habe. In Indien gebe es, wie sie sicher auch wissen würde, zu wenig Krankenschwestern und man habe ihn gebeten, ausgebildetes Personal aus Amerika zu schicken. Anna Dengels spontaner Ausruf war: *„Welch ein Wagnis!"* Aus eigener Erfahrung wusste sie, wie schwer es war, vollkommen auf sich allein gestellt in einem fremden Land, einer fremden Kultur den immensen Anforderungen gerecht zu werden. Es kam dann tatsächlich so, wie sie es geahnt hatte, der Versuch von P. Mathis, scheiterte.

Das Jahr 1925 begann für Anna Dengel mit einer Fahrt nach Philadelphia. Da sie aus ihren Erfahrungen im Bistum New York gelernt hatte, ersuchte sie sofort nach ihrer Ankunft um ein Gespräch bei Kardinal Dennis Joseph Dougherty. Bei ihm fand sie ein offenes Ohr für ihre Anliegen, denn er war lange Jahre Bischof auf den Philippinen gewesen und die Verhältnisse in Indien waren ähnlich. Auch er hatte erkannt, welche Chancen die katholische Kirche auf dem Gebiet der Mission vergab, wenn sie weiter am Verbot der ärztlichen Tätigkeit für Ordensleute festhalten würde. Der Weg zu den Seelen führt nämlich zuallererst über die Linderung der körperlichen Not – eine Tatsache, die von der protestantischen Seite früher erkannt wurde als von der katholischen. Der Kardinal aus Philadelphia war es daher auch, der sich in den kommenden Jahren in Rom für die Aufhebung des bestehenden kirchenrechtlichen Verbots immer wieder einsetzte. Seine fundierten, bei der Kongregation „Propaganda Fide" (so wurde damals die Kongregation für die Verbreitung des Glaubens genannt, heute wird sie als Kongregation für die Evangelisierung der Völker bezeichnet) schriftlich eingereichten Begründungen trugen entscheidend zur Aufhebung des Verbots im Jahre 1936 bei.

Nach ihrem ersten Zusammentreffen gab der Kardinal sofort der für die Missionsarbeit zuständigen Stelle die Anweisung, dass Dr. Anna Dengel ungehindert im ganzen Bistum Vorträge halten könne. Nicht nur das, er bewilligte auch Geldsammlungen für die Mission und setzte selbst einen Anfang mit einem Scheck von über 5000 Dollar. Anna war überglücklich und schickte sofort Monsignore Winkley einen größeren Betrag für das Krankenhaus in Rawalpindi. Kardinal Dougherty wurde später ein großer Förderer der von Anna Dengel gegründeten Gemeinschaft der Missionsärztlichen Schwestern. Das spätere Mutterhaus „Fox Chase" entstand auf seine Anregung hin in seinem Bistum. Er war es dann auch, vor dem die ersten zehn Schwestern auf Grund der neuen Vorschriften im Jahre 1941 die ewigen Gelübde ablegen konnten. Ein Jahr vor seinem Tod, 1951, feierte er mit den Schwestern noch das 25-jährige Bestehen der Gemeinschaft in Fox Chase.

Im Frühjahr fuhr Anna Dengel nach Washington, D. C., um dort mit P. Mathis zusammenzutreffen. Als Kanonischer Visitator der

Heilig-Kreuz-Mission in Bengalen (Indien) hatte er in der Hauptstadt der USA im Auftrag seines Ordens ein Missionsseminar gegründet. P. Mathis musste gerade eine herbe Enttäuschung verkraften. Die von ihm nach Indien entsandten Krankenschwestern, von denen er Anna Dengel zu Weihnachten erzählt hatte, wollten wieder in ihre Heimat zurück. Ihre Begründung war, dass die an sie gestellten Anforderungen zu groß wären und es niemanden gäbe, der ihnen beistand und bei dem sie sich auch Rat holen könnten. Genau das hatte Anna Dengel vorausgesehen. Der enttäuschte P. Mathis stellte nun die für sie entscheidende Frage: „Was glauben Sie ist nötig, um eine katholische ärztliche Mission in einem Land wie Indien zu ermöglichen?"

Der eine Satz, den Anna Dengel nun aussprach, gab nicht nur Antwort auf die Frage des Paters, sondern umriss jetzt auch exakt formuliert das von ihr angestrebte Ziel: *„Es braucht eine religiöse Gemeinschaft, die sich dem Ziel verpflichtet, medizinisch ausgebildete Schwestern in die Missionen zu schicken."* Sie war fast erschrocken, als sie dies so dezidiert aussprach, wovon sie schon lange in ihrem Innersten überzeugt war. Sie wusste seit den Exerzitien in Innsbruck, dass dies der Wille Gottes sei und die Umsetzung ihre Lebensaufgabe.

P. Mathis erkannte sofort die Chancen, die sich durch so eine Neugründung für die Kirche ergeben würden. Er versprach Anna Dengel seine volle Unterstützung bei der Verwirklichung ihrer Gedanken und rasch entschlossen ging sie sofort daran, diese zu realisieren. Um die kirchliche Genehmigung zu erhalten, war zuallererst die Erstellung einer Konstitution notwendig, in der Ziel und Zweck der Neugründung festgehalten werden musste. Für Anna ging es nur um die kirchenrechtlich korrekte Abfassung, den Inhalt hatte sie sowieso schon im Kopf formuliert. Als Vorlage gab ihr P. Mathis die Konstitution seiner „Congregatio a Sancta Cruce". Der in Frankreich in den Wirren der Französischen Revolution gegründete „Orden vom Heiligen Kreuz" bestand sowohl aus einem männlichen wie weiblichen

Zweig und hatte internationale Verbreitung. Der Aufbau dieser Gemeinschaft konnte daher als Vorbild dienen. Um ja keinen Fehler zu machen, zog Anna Dengel aber auch noch einen Kirchenrechtler zu Rate.

Am 17. Mai 1925, am Tag der Heiligsprechung von Theresia von Lisieux, der späteren Patronin der Weltmission, war die Konstitution fertig. Genehmigt musste diese nun vom Erzbischof Michael Joseph Curley von Baltimore werden, zu dessen Bistum damals auch Washington D. C. gehörte. In Brookland, einem Stadtteil von Washington D. C., sollte die neue Gemeinschaft ein Haus beziehen, das ihr über Vermittlung von P. Mathis zur Verfügung gestellt wurde.

Die Genehmigung zur Gründung der „Society of Catholic Medical Missionaries“, abgekürzt SCMM, der Gemeinschaft der Katholischen Missionsärztlichen Schwestern, wurde am 10. Juni 1925 durch den Erzbischof von Baltimore erteilt. Kirchenrechtlich sollte die neue Gemeinschaft vorerst als „Pia unio“ (fromme Gemeinschaft) geführt werden. Das bedeutete, die Mitglieder verpflichteten sich für ein gemeinsames Ziel, lebten nach den evangelischen Räten (Armut, Ehelosigkeit, Gehorsam), legten aber keine öffentlichen Gelübde ab und waren somit keine Ordensgemeinschaft. Die Neugründung unterstand der Jurisdiktion des zuständigen Diözesanbischofs.

Warum diese Form gewählt wurde, darüber schreibt Anna Dengel am 11. November 1925 an Kardinal Dougherty nach Philadelphia: *„Unsere Konstitution wurde unter der Voraussetzung erstellt, dass Rom die ganze Ausübung des Arztberufes jenen Personen, die öffentliche Gelübde ablegen, nicht gestattet – aber doch in der Hoffnung, dass dies einmal gewährt wird. Das mag nach Jahren sein, wenn wir Gelegenheit haben werden, uns und den anderen zu beweisen, dass es möglich ist, uneingeschränkt medizinisch tätig zu sein und zugleich doch die Gelübde zu halten … Wir müssen frei sein, um jedes Fachgebiet des ärztlichen Berufes auszuüben, um den Menschen im Osten in jeder medizinischen Not zu helfen …“*

Die vier Gründungsschwestern: von li.: Johanna Lyons, Anna Dengel, Maria Laetitia Flieger und Agnes Marie Ulbrich

Es sollte noch elf Jahre dauern und sowohl der intensiven Überzeugungsarbeit durch Anna Dengel wie der Unterstützung geistlicher Würdenträger aus verschiedenen Ländern der Welt bedürfen, bis Rom endlich umdenken würde. Doch jetzt war einmal ein Anfang gesetzt und überglücklich schreibt Anna Dengel über die Verwirklichung ihres Traumes an ihre Eltern sowie Monsignore Winkley: *„Unsere kleine Missionsärztliche Gesellschaft kommt wirklich zustande. Gegen Ende des Monats werden wir definitiv anfangen."*

Vorerst hatte die neue Gesellschaft zwar eine offiziell genehmigte Konstitution, aber außer der Gründerin noch keine Mitglieder. Doch die Mundpropaganda und die Kontakte von P. Mathis zeitigten bald Erfolg. Aus Chicago kam die Ärztin Dr. Johanna Lyons und aus Brooklyn bzw. Iowa die beiden diplomierten Krankenschwestern Agnes Marie Ulbrich und Maria Laetitia Flieger. Die Einrichtung in ihrem, in einem ziemlich desolaten Zustand befindlichen Haus bestand anfangs aus einer Statue des heiligen Josefs und einem alten Billardtisch. Die ersten Nächte schliefen die Frauen in Decken gewickelt auf dem Boden. Der Verpflichtung zur Armut kamen sie somit sofort nach. Doch nach und nach trafen von den verschiedensten Institutionen nicht mehr gebrauchte Hausratsgegenstände ein. Alle Anfangsschwierigkeiten bremsten aber kaum den Schwung, mit dem die vier Frauen das „Heilige Experiment", wie es in der Diözese genannt wurde, nun gemeinsam verwirklichen wollten.

Der Tag des offiziellen Beginns stand wieder im Bezug zur neuen Heiligen der Kirche, Theresia von Lisieux. Der 30. September war ihr Todestag und an diesem Tag des Jahres 1925 wurde in Washington D. C. im Haus der Gemeinschaft der Missionsärztlichen Schwestern in einem zur Kapelle umfunktionierten Zimmer eine heilige Messe gefeiert. Keiner der Anwesenden, selbst Anna Dengel und ihre drei Mitschwestern nicht, wird es für möglich gehalten haben, dass die Mitglieder dieser Neugründung in nur kurzer Zeit bereits weltweit der missionsärztlichen Tätigkeit nachgehen werden.

Das Würzburger Missionsärztliche Institut berichtet im Jahresbericht 1926 über diese im fernen Amerika erfolgte Gründung: „Die Mitglieder dieser neuen Genossenschaft führen ein gemeinsames Leben unter Vorgesetzten. Obgleich sie im Geiste der evangelischen Räte leben sollen, werden keine Ordensgelübde abgelegt, um in keiner ärztlichen Hilfeleistung (Geburtshilfe usw.) behindert zu sein … Es werden nur solche aufgenommen, die ihre Ausbildung als Ärztin, Dentistin, Krankenpflegerin, Apothekerin und dergleichen schon vollendet haben und nicht über 35 Jahre alt sind … Das endgültige Zustandekommen dieser Genossenschaft kann man nur von Herzen begrüßen. Sie zeigt, wie es sich regt, um auch katholischerseits immer mehr gangbare Wege für die Lösung der missionsärztlichen Frage zu finden …"

Vor dem Gründungshaus in Washington, D. C., 1926

Beim 1. Generalkapitel am 23. September 1926 wurde Dr. Anna Dengel zur Generaloberin gewählt. Die vom Bistum abgesegnete Konstitution regelte das Gemeinschaftsleben und die zu übernehmenden Aufgaben. Als einheitliche Kleidung hatte man sich vorerst für ein graues Kleid mit weißem Kragen und einen dunklen Hut, der nur bei besonderen Anlässen getragen wurde, entschieden. Nach einem Jahr der Einübung wird der Missionseid abgelegt, der vorerst alle drei Jahre erneuert werden soll. Damit verpflichteten sich die Mitglieder „dorthin zu gehen, wo immer man uns schicken würde".

Es gehörte schon sehr viel Mut, aber vor allem Gottvertrauen dazu, in einer krisengeschüttelten Zeit ein derartiges Unternehmen zu wagen. In den USA kam es im Oktober 1929 infolge des Zusammenbruchs der New Yorker Börse zum sogenannten „Schwarzen Freitag", der eine weltweite Wirtschaftskrise heraufbeschwor. Der 1915 ge-

Die junge Generaloberin

1927 wird das 1. Missionsspital der Gemeinschaft in Rawalpindi eröffnet. (rechte Seite)

gründete Ku-Klux-Klan wütete in Amerika in den 20er-Jahren nicht nur gegen die schwarze Bevölkerungsgruppe sowie Juden, sondern auch gegen Katholiken. In Indien wiederum arteten die religiös motivierten Konflikte zwischen Hindus und Muslims, aber auch zwischen Sikhs und Muslims in wahre Blutorgien aus, die das ganze Land erfassten. Auch Rawalpindi war davon betroffen.

Trotz dieses Hintergrunds lief das Leben in der neuen Gemeinschaft nach Plan an. Johanna Lyons brach im Herbst 1926, wohlvorbereitet auf die kommende Aufgabe, nach Indien auf. In Rawalpindi sollte sie nicht nur die Leitung des St.-Katharinen-Spitals übernehmen, sondern auch den aus Spendengeldern entstehenden Neubau des ersten „Holy Family Hospital" der Gemeinschaft überwachen. Bereits im Dezember 1927 konnte der Apostolische Delegat in Indien, Erzbischof Edward A. Mooney, das erste Missionsspital der Gemeinschaft der Katholischen Missionsärztlichen Schwestern im Einheimischenviertel von Rawalpindi eröffnen. In ihrem jährlichen Bericht an das

Missionsärztliche Institut in Würzburg schreibt Anna Dengel: *„Im hohen Norden Indiens sind die Moslem- und auch Hindufrauen der höheren Kasten noch so abgeschlossen, dass sie für ärztliche Hilfe, besonders für Geburtshilfe, ganz und gar von Frauen abhängen. Ärztliche Hilfe ist auch in den meisten Fällen der einzige Weg, mit ihnen in Berührung zu kommen. Die Protestanten haben das vor über 50 Jahren erfasst und seitdem viel Elend gemildert und auch viel Einfluss gewonnen ... Da die Katholiken die Tragweite des missionsärztlichen Apostolates noch nicht recht erfassen, ist die finanzielle Unterstützung noch eine schwere Sache, aber obgleich wichtig, ist das Nebensache im Vergleich zu dem Bedarf an Missionsärzten, Ärztinnen und Krankenpflegerinnen* (Jahresbericht 1928). Wieder weist sie darauf hin, dass die Helfer eingebettet in eine Gemeinschaft oder Organisation sein sollten, *„um nicht aufs Geratewohl in das weite, unvorbereitete Missionsgebiet hinauszuziehen"*.

Anna Dengels Aufgabe war es nun, in Washington D. C. die Stellung zu halten, denn nach Johanna Lyons brachen auch Maria Laeti-

Intensive Vorbereitungen für die kommenden Aufgaben

tia und Agnes Marie nach Rawalpindi auf. Sie musste die junge Gemeinschaft nicht nur in der Öffentlichkeit bekanntmachen, um Mitglieder zu bekommen, sondern sich auch um die Beschaffung der notwendigen Geldmittel für alle Planungen kümmern. Die junge Generaloberin war aber nicht nur eine ausgezeichnete Ärztin, sondern scheint auch ein Genie auf einem Gebiet gewesen zu sein, das man heute in der Wirtschafts- und Finanzwelt mit Marketing und Fundraising umschreibt. Ist heute ein oft vielköpfiges, meist hochbezahltes Team dafür vonnöten, entwarf Anna Dengel damals allein die dafür notwendigen Strategien und diese anscheinend über Jahrzehnte sehr erfolgreich.

Um eine möglichst breite Öffentlichkeit über alle Aktivitäten der Gemeinschaft informieren zu können, gründete sie 1926 eine Monatszeitschrift – „The Medical Missionary". Auf der Titelseite der ersten Ausgabe war das Emblem der Gemeinschaft zu sehen: Den Mittelpunkt bildete ein Kreuz und ein Bild Mariens mit der Inschrift „Causa nostrae laetitiae" (Ursache unserer Freude) in Erinnerung an das Madonnenrelief am Elternhaus Anna Dengels in Hall. Umschlossen wurde dies alles von den Worten „Society of Medical Missionaries – A. D. 1925".

Gleich in der ersten Nummer vom September 1927 konnte berichtet werden, dass der Apostolische Delegat in den USA, Erzbischof Pietro Fumasoni-Biondi, die neue Gemeinschaft aufgesucht habe. Seine Unterschrift, inzwischen zum Präfekten der „Congregatio de Propaganda Fide" (Kongregation für die Verbreitung des Glaubens) in Rom avanciert, wird später jenes Dokument tragen, womit 1936 die Kirche nun auch Ordensleuten die Ausübung ärztlicher Tätigkeit erlauben wird. Bis dahin ist aber noch ein langer Weg zurückzulegen, gepflastert mit Befürwortungen, Für- und Gegenargumenten, Unverständnis und viel vatikanischer Bürokratie.

Um in Rom das Interesse an der neuen Gemeinschaft nicht abflauen zu lassen, schickte Anna Dengel die ersten Ausgaben der von ihr redigierten Zeitung an die für ihre Gemeinschaft zuständige Kongregation für die Verbreitung des Glaubens. Aus Rom kam postwendend vom damaligen Kardinalpräfekten Wilhelm van Rossum ein Dankesbrief: „Ich war sehr erfreut, einen Sammelband Ihrer Zeitschrift ‚The Medical Missionary' zu erhalten, und bin Ihnen dafür sehr dankbar. Mehr denn je ist jetzt die Zeit gekommen, den ärztlichen Beitrag an der Missionsarbeit auszuweiten, nicht nur zum Besten der Missionare selbst, die bei entsprechender ärztlicher Betreuung länger leben und erfolgreicher arbeiten könnten, sondern auch im Hinblick auf die Bekehrung der heidnischen Welt ..." Den Schwerpunkt in der Missionsarbeit legte die Kirche immer noch, der Brief des Präfekten beweist es, „auf die Bekehrung der heidnischen Welt". Es wird noch mehr als drei Jahrzehnte dauern, bis der Missionsgedanke eine Neuorientierung erfahren wird. Wesentlich wird dazu der Jesuit Josef Neuner beitragen, den Anna Dengel in Indien kennengelernt hatte. Als Konzilstheologe auf dem Zweiten Vatikanischen Konzil formulierte er den für die Missionsarbeit prägenden Gedanken: „Der Sinn der Mission in unserer Zeit besteht nicht darin, Katholiken zu produzieren, sondern die Botschaft Christi vorzuleben und ihren geistigen Appell an die Welt zu richten."

Die in der Mission tätigen Menschen, geistlichen Standes wie Laien, hatten aber bereits viel früher erkannt, dass der Begriff „Heilen" im umfassenden Sinn ein wichtiger Teil ihrer Missionsarbeit ist. Zuallererst würden die Menschen Hilfe in ihrer oft entsetzlichen körperlichen Not brauchen. Der Ruf nach Entsendung von gut ausgebildeten Ärzten in die Mission wurde daher immer lauter und drängender. In Belgien, der Schweiz und Ungarn entstanden missionsärztliche Einrichtungen, die Ärzte und Ärztinnen zur Arbeit in der Mission ausbildeten. Weltweit fanden Kongresse statt, auf denen die Frage der ärztlichen Hilfe in den Missionsländern, heute würde man Länder des Südens sagen, diskutiert wurde. „Der missionsärztliche Gedanke ist auf Marsch", schrieb P. Becker 1927 im Würzburger Jahrbuch angesichts der sich anbahnenden Veränderungen in der Missionsarbeit.

Neu dagegen war der Gedanke, den die Ärztin Anna Dengel mit der Gründung der Gemeinschaft der Katholischen Missionsärztlichen Schwestern umzusetzen begann. Nach dem Motto *„Von Frauen für Frauen"* sollten Ordensfrauen, ausgebildet als Ärztinnen und Hebammen, vorwiegend den Frauen Hilfe bringen. Gerade sie hatten unter den gesellschaftlichen und religiösen Barrieren besonders zu leiden. Daher könne *„ihre Not nur von Frauen behoben werden"*, diesen Schluss hatte Anna Dengel aus ihrer ärztlichen Tätigkeit in Indien gezogen. Dies war auch der Grundgedanke für die Gründung der Missionsärztlichen Schwesterngemeinschaft. Die offizielle Anerkennung durch die Kirche war zwar noch Zukunftsmusik, aber ein Anfang war gesetzt. Die Arbeit konnte beginnen und nur durch Er-

Auf dem 2. Generalkapitel 1932 in Rom, links außen P. Michael Mathis, Anna Dengel in der Mitte

gebnisse konnte auch ein Umdenken in der Kirche erreicht werden.

Vom 8. bis 22. September 1932 fand, diesmal in Rom, das 2. Generalkapitel der Gemeinschaft statt, der bereits 18 Schwestern angehörten. Zur Generaloberin wurde wieder Anna Dengel gewählt. Eine stolze Bilanz konnte bereits gezogen werden. In Rawalpindi wurde 1927 das erste „Holy Family Spital" eröffnet, welches zum Mutterspital der weiteren, nicht nur in Indien von der Gemeinschaft initiierten Krankenhäuser werden sollte. Drei Jahre später wurde in Dhaka, Bengalen, ein Mutter-Kind-Zentrum von den Missionsärztlichen Schwestern in Betrieb genommen. Ebenso eine Ausbildungsstätte für Krankenpflegerinnen. Alle Bemühungen schienen Erfolg zu haben und die Gemeinschaft konnte mit Gottvertrauen in die Zukunft blicken. Anna Dengel wird es damals in Rom kaum geahnt haben, dass in den kommenden Jahren die Gemeinschaft, und besonders sie als Generaloberin, in eine existentielle Krise gestürzt werden würde.

6. Kapitel

… und männlicher Anspruch auf die Macht

Sie hatte eine Idee und den Mut dazu, diese umzusetzen. Er erkannte die dadurch möglichen Chancen für die Kirche und besaß auch die nötigen Verbindungen. Anna Dengel und P. Michael Mathis waren bei der Gründung der Gemeinschaft der Missionsärztlichen Schwestern anfangs kongeniale Partner. Auf Dauer konnte aber das Miteinander nicht gut gehen, denn beide waren, was man heute in der Verhaltenspsychologie Alphatiere nennt, – dominant, autoritär, mit einem Wort ausgesprochene Führungspersönlichkeiten. Wobei es dem Mann der Kirche vermutlich neu war, mit einer Frau die Auseinandersetzung über einen Leitungsanspruch im kirchlichen Bereich zu führen. Anna Dengel dagegen war es ja schon gewohnt, als Frau sich in einer männlich orientierten Gesellschaft durchzusetzen.

Der Auslöser für die aufbrechenden Konflikte war sicherlich das im August 1931 angekündigte Ausscheiden von Johanna Lyons aus der Gemeinschaft. Es war ein harter Schlag für die Ordensleitung, denn Dr. Lyons war eine erfahrene Ärztin und leitete in Rawalpindi das neuerbaute „Holy Family Hospital". Als Grund für ihr Ausscheiden gab sie eine immer stärker in sich fühlende Berufung zu einem kontemplativen Leben an. In einem Brief an die Generaloberin begründet sie auch ihren Entschluss: „Mir scheint, die Arbeit eines

Arztes ist einem religiösen Menschen nicht angemessen, da sie zu aufsaugend, zu ablenkend ist, voll von Ängsten, zu aufreibend und viele und intime Kontakte mit Menschen erfordert …" (März 1932). Sie beklagt die mangelnde Zeit zur medizinischen Fortbildung und auch zur religiösen Weiterbildung. Weiters noch, dass manche Schwestern auf die Anforderungen zu wenig vorbereitet wären: „Die SCMM breiten sich tendenziell zu schnell aus und übernehmen sich zu sehr … die Einzelnen sind überarbeitet, zum Nachteil ihres spirituellen Wohlergehens."

Letzter Satz hatte sicher seine Berechtigung, aber die Not in Indien war groß, die Nachfrage nach effizienter Hilfe ebenso und der Aufbau der verschiedenen Stationen lief bestens an. Weshalb also sollte sich die Gemeinschaft in ihren Aktivitäten selbst zurücknehmen? Anna Dengel hoffte, dass die Schwestern in ihre Aufgabengebiete hineinwachsen würden. Was sie aber doch beschäftigte, war die grundsätzliche Frage, ob sich tatsächlich das Ordensleben mit einer medizinischen Tätigkeit verbinden lasse. Darüber dürfte sie mit einer Ordensfrau korrespondiert haben, die der „Gemeinschaft vom Heiligen Herzen Jesu" angehörte. Sr. Mary, die ebenfalls in Indien tätig war, schrieb ihr zurück: „In Ihrem Brief fragten Sie nach der Möglichkeit, religiöses Leben und medizinische Tätigkeit aufeinander abzustimmen. Dank sei Gott – wir sehen beides in perfekter Harmonie miteinander … darunter ist das Apostolat von Frauen im medizinischen Bereich bei weitem nicht das Geringste, und ich bin sicher, dass Gott eine bestimmte Zahl davon als Ordensfrauen haben möchte."

Im September 1931 wurde P. Mathis von seiner Kongregation von der Leitung des ordenseigenen „Holy Cross Foreign Mission Seminary", dem Auslands-Missionsseminar in Washington, D. C., abberufen. Warum dies geschah, erfuhr Anna Dengel erst Jahre später. Bei rechtzeitiger Information über die Hintergründe wären sicherlich die teilweise eskalierenden Auseinandersetzungen vermeidbar gewesen. Als äußerst umtriebiger Mensch suchte der Pater nun nach

Auf Heimaturlaub: Anna Dengel vor ihrem Elternhaus

einem anderen Betätigungsfeld. Da er sich auch als Gründer der Gemeinschaft der Missionsärztlichen Schwestern betrachtete, schrieb er Anna Dengel, die sich gerade auf Europareise befand, einen Brief. Mathis bat sie darin, in Rom anzufragen, ob er von seinem Orden für die Schwesterngemeinschaft freigestellt werden könnte, sozusagen als Kaplan oder geistlicher Begleiter. Sie fragte aber nicht in Rom an, sondern sprach darüber mit dem als Vorgesetzten dafür zuständigen Generalsuperior seiner Ordensgemeinschaft, P. James Wesley Donahue, den sie in Frankreich traf. Dieser gab die Zusage zur Freistellung, vermied es aber, auf die vielleicht entstehenden Komplikationen hinzuweisen, wenn P. Mathis zu viel Einfluss auf die Schwesterngemeinschaft bekommen würde. Erst Jahre später, als die Spannungen bereits eskalierten, fand er zu offenen Worten.

Das Problem dieser Jahre war, dass Anna Dengel zu wenig Zeit für die Leitung der Gemeinschaft hatte. Nach dem Abgang von Dr. Lyons musste deren Stelle im Spital von Rawalpindi neu besetzt werden. Aber woher so schnell eine Ärztin bekommen? Es blieb der Generaloberin nichts anderes übrig, als die Nachfolge vorerst selbst zu übernehmen. Im September 1932 fuhr Anna Dengel nach Indien. Die kurzfristig geplante Vertretung dauerte aber länger als geplant, nämlich 16 Monate. In ihrem jährlichen Bericht an das Würzburger Institut (Jahrbuch 1933) erwähnte sie, wie glücklich sie sei, nach Jahren der überwiegend organisatorischen Arbeit nun wieder als Ärztin tätig zu sein. Sie beklagte aber auch den bestehenden Mangel an Personal: *„Arbeit gibt es in Hülle und Fülle, aber wir haben nur wenig Kräfte. Gegenwärtig haben wir nur drei Krankenschwestern, eine Apothekerin und eine Schwester für das Hauswesen. Wir brauchen wenigstens doppelt so viele.“* Aus diesem Grund musste sie auch auf einlangende Anfragen der Bischöfe von Dhaka und Agra um Entsendung von Fachkräften in diverse Landesspitäler einen negativen Bescheid geben. Sie kündigte Monsignore Becker in Würzburg an, ein Flugblatt in deutscher Sprache zu erstellen, in dem sie Sinn und Zweck der Gemeinschaft der Missionsärztlichen Schwestern erklären würde. Sie bat ihn schon jetzt um Verteilung, denn sie hoffte, dadurch in Deutschland Interessentinnen für ihre Gemeinschaft gewinnen zu können.

Was Anna Dengel bereits Anfang der 30er-Jahre zu schaffen machte, war ihre Gesundheit. Sie hatte einfach Raubbau damit betrieben. Seit ihrer Studienzeit fuhr sie kreuz und quer durch die Weltgeschichte, pendelte ständig zwischen Europa, Amerika und Indien hin und her. Dies zu einer Zeit, wo zur Bewältigung der Strecken nur Eisenbahn oder Schiff zur Verfügung standen. Anfang 1931 musste

Wieder im Einsatz als Ärztin in Indien, 1932

sie sich noch dazu einer gynäkologischen Operation unterziehen, wodurch es in der Folge zu einer starken Blutarmut kam. Danach war sie ziemlich erschöpft und verbrachte einen Genesungsurlaub im „Sacred Heart Sanatorium" in Milwaukee, Wisconsin, USA.

Die Erholung währte nur kurz, denn im Herbst 1932 musste sie als Ersatz für Dr. Lyons nach Indien fahren. Als Anna Dengel nach fast eineinhalb Jahren, Anfang 1934, nach Amerika zurückkehrt, fühlte sie sich total ausgelaugt. Auf Anraten der Ärzte begab sie sich wieder in das Sanatorium nach Milwaukee. Die Tagesgeschäfte übernahm in Vertretung Sr. Agnes Marie Ulbrich. Die Zügel der Gesamtleitung behielt die Generaloberin aber trotz ihrer zeitweiligen

Anna Dengel, mitten unter ihren Patienten

Abwesenheit weiterhin in Händen. Sr. Agnes Marie geriet mit dieser Beauftragung aber öfters in eine Konfliktsituation – sie stand zwischen den Fronten. Hier die vorgegebenen Richtlinien der Generaloberin, da die geplanten Veränderungen von P. Mathis, der immer mehr die Leitungsfunktion an sich zu reißen begann. Als sich Jahre später eine radikale Lösung abzeichnete, schrieb Sr. Agnes Marie in ihr Tagebuch: „Father ist sehr aktiv und dynamisch und die Art Mensch, die Autorität ausüben und Unabhängigkeit haben muss. Einen ‚Status', wie er es nennt ... Zeitweise ist sein Urteilsvermögen fragwürdig, aber er hat uns seine Ideen niemals aufgezwungen. Dennoch lag eine gewisse Gefahr in seiner allzu nahen Stellung zu uns. Dr. Dengel ist ... genauso dynamisch und unabhängig und ebenfalls von der Sorte Mensch, die Autorität ausüben will. Immer muss sie der Kopf der Sache sein ... Beide können nicht Superior sein, also muss einer gehen, und da sie mehr mit der Gründung der Gemeinschaft zu tun hatte, ist es natürlich, dass er gehen muss …" Bis dies geschah, passierte aber noch einiges und nicht sehr Erfreuliches.

P. Mathis konfrontierte Anna Dengel ständig mit neuen Ideen. Sie musste daher dauernd auf der Hut sein, dass ihr Gründungsgedanke dabei nicht unter die Räder geriet. Dass P. Mathis die Herausgeberschaft der von ihr gegründeten Monatszeitung übernehmen wollte – was sie aber ablehnte –, war noch das kleinste Problem. Seinen nächsten Plan, in Kooperation mit einer Investorengruppe zusätzlich noch ein College für Töchter finanzkräftiger Familien zu errichten, lehnte Anna Dengel entschieden ab. Sie begründete dies damit, dass ihre Zielrichtung für die Gründung der Gemeinschaft immer nur die Arbeit in der Mission war und dabei solle es auch bleiben.

Auch den von P. Mathis vorgebrachten Vorschlag, die junge Gemeinschaft als Zweig in seine Ordensgemeinschaft einzugliedern bzw. dieser zu unterstellen, wehrte sie ab. Selbst dann, als er dafür sogar den Weg über den Erzbischof suchte, um diesen dafür zu gewinnen. Die nächste Idee war, vermutlich motiviert vom Ausscheidungsgrund von Sr. Lyons, die Errichtung eines zusätzlichen kontemplativen Zweiges. Darüber schrieb er an Erzbischof Curley von Baltimore, ohne dies mit der Generaloberin vorher zu besprechen. Erst im Nachhinein informierte er sie darüber. Sowohl Anna Dengel als auch der Erzbischof reagierten aber ablehnend.

Eigentlich ging es immer um den „Status", den P. Mathis innerhalb der Gemeinschaft für sich beanspruchen wollte. In einem Brief an die Generaloberin Anna Dengel sprach er dies auch aus, denn „… er wolle nicht Kaplan oder Ratgeber sein … sondern als Mitgründer helfen in Dingen, die nur von einem Direktor getan werden können, der Initiative ergreifen kann" (November 1935). Hier äußerte er deutlich seinen Machtanspruch als Mann gegenüber einer ihm zu dominanten Generaloberin.

Er setzte nun alles daran, von Erzbischof Curley zum Superior der Missionsärztlichen Schwestern ernannt zu werden, womit ihm offiziell die Mitverantwortung bei der Leitung der Gemeinschaft bestätigt werden würde. Er begründete dies damit, dass durch die oftmalige Absenz der Generaloberin jemand anderer die Initiative ergreifen müsse, um die Gemeinschaft weiterzuentwickeln. Im Generalrat neigte ein Großteil der Schwestern zu dieser Lösung ohne über die Konsequenz ausreichend informiert zu sein. Anna Dengel hegte gegen die Bestellung eines Superiors dagegen größte Bedenken. Von einer Visiationsreise nach England, wo bereits 1931 ein Postulat für Kandidatinnen aus Europa errichtet wurde, schrieb sie an P. Mathis: „*Mir scheint … dass Ihr Status als Kirchlicher Superior eine neue moralische Verpflichtung (im Sinne von Gehorsam) beinhalten würde, die mittels Eid und Gelübden verbindlich für jedes Mitglied unserer Gemeinschaft wäre … es stellt sich die Frage, ob der Generalrat das Recht zu solch einem Wandel der Gemeinschaft hat*“ (Brief vom 27. Februar 1935). Sie teilte ihm mit, dass es für so gravierende Änderungen Zeit brauche und sie einen Kirchenrechtler befragen werde. Auch die Ankündigung von P. Mathis, er werde die Gemeinschaft verlassen, wenn sie diesen von ihm gewünschten Status nicht akzeptieren würde, konnte sie nicht von ihren Vorstellungen abhalten.

Die von P. Mathis angezettelte Status-Frage führte die junge Gemeinschaft fast in eine Identitätskrise. Weder Anna Dengel noch P. Mathis wollten von ihrer persönlichen Sichtweise bezüglich Zielrichtung und Weiterentwicklung der Gemeinschaft abrücken. Wer aber von den beiden sollte die Gemeinschaft mit seiner Vision in die Zukunft führen? Wie er es sich vorstellte, konkretisierte P. Mathis in einem Brief an Anna Dengel: „Ich fühle, dass ich diese Verantwortung übernehmen kann, in dem ich der Gemeinschaft erlaube, genauso weiter zu agieren, wie sie es bisher getan hat – unter der Bedingung, dass alle wichtigen Themen mir zur Leitung vorgebracht werden. Der einzige Unterschied wird sein, dass dies eine wahrhaftige Leitung sein wird … das heißt: Die Gemeinschaft muss in Gehorsam folgen …" (Brief vom 7. Mai 1935).

Kurz und bündig, aber eindeutig war die Antwort der Generaloberin Anna Dengel: *„Das entzieht uns vollkommen unsere Freiheit und meinen Einfluss auf die Gemeinschaft, das würde eigentlich nichts ausmachen, wenn Sie den eigenen Standpunkt der Gemeinschaft verstehen würden … Sie und Sr. Agnes Marie scheinen zu denken, dass wir so wie jede andere beliebige Kommunität funktionieren könnten. Wenn das der Fall wäre, hätte ich selbst keine Notwendigkeit gehabt, eine neue zu gründen."*

Inwieweit Erzbischof Curley über diese Meinungsverschiedenheiten im Detail informiert war, lässt sich nicht feststellen. Er bestätigte – vermutlich auf Drängen von P. Mathis – in einem Schreiben vom 7. Mai 1935 offiziell dessen Funktion als Superior der Gemeinschaft der Missionsärztlichen Schwestern. Der neue Superior der MMS (Medical Mission Sisters, dt. Missionsärztliche Schwestern) teilte dies der Generaloberin umgehend brieflich mit: „… so denke ich, ist das Problem meines offiziellen Status in der Gemeinschaft geregelt" (11. Juni 1935).

P. Mathis hatte zwar nun seinen angestrebten „Status", aber die Spannungen zwischen ihm und Anna Dengel wurden nicht geringer. Im Gegenteil, die Auseinandersetzungen nahmen an Intensität noch zu, da jetzt sowohl die Generaloberin wie der Superior Anordnungen trafen, aber meist aus verschiedenen Blickwinkeln. Diese Situation wirkte sich auf den körperlichen und vor allem seelischen Zustand von Anna Dengel sehr negativ aus. Sie nahm daher im Sommer 1936 dankbar das Angebot ihrer deutschen Freundin, der Ärztin Margarete Hattemer an, eine Weltreise zu machen. Bei dieser Reise konnte sie auch Missionsstationen und medizinische Einrichtungen in anderen Ländern besuchen. Bei ihrer Rückkehr im Dezember 1936 wurde sie sofort wieder mit den anstehenden Problemen konfrontiert. Ihr Körper reagierte darauf mit den Anzeichen einer Depression. Sie aß kaum etwas, war nervös und reizbar. Einen Spitalsaufenthalt lehnte sie ab. Sie wollte zu Hause, in der Gemeinschaft wieder zu Kräften kommen. Trotzdem wurde ein Psychiater geholt – auf wessen Veranlassung kann nur vermutet werden –, der sie am 13. Februar 1937 in eine Spezialklinik in Baltimore einwies. Nachdrücklich hielt Anna Dengel fest: *„Ich wurde gegen meinen Willen in dieses Spital gebracht.“* Sie ersuchte um ihre Entlassung, aber vergeblich. Eine Krankenschwester der Klinik, die erkannte, dass die Frau einfach überarbeitet, aber keinesfalls eine psychiatrische Patientin sei, informierte über einen Mittelsmann Erzbischof Curley. Auf dessen Intervention wurde sie am 20. April 1937 entlassen. Sie erholte sich dann im „Sacred Heart Sanatorium“ in Milwaukee, wo sie bis November 1937 blieb.

Die Gemeinschaft kam noch immer nicht zur Ruhe. In einem Brief vom 21. Januar 1938 ersuchte Anna Dengel daher den Generalsuperior der Kongregation vom Heiligen Kreuz um die Abberufung von P. Mathis von seiner Leitungsfunktion in der Gemeinschaft. Die Antwort von P. Mathis war, als er darüber informiert wurde, dass die Generaloberin dazu kein Recht habe. Nun schienen auch den Kirchen- bzw. Ordensoberen die andauernden Zwistigkeiten zu bunt geworden zu sein und es wurde eine Visitation durch den Auxiliarbischof von Baltimore, John McNamar, angekündigt. Das Resultat war, dass P. Mathis seines Amtes als Superior der Gemeinschaft enthoben wurde. Ausschlaggebend dafür dürfte u. a. auch ein Brief des Generalsuperiors der Kongregation des Heiligen Kreuzes, P. James Wesley Donahue, an den Visitator gewesen sein. Ein Brief, der um einige Jahre zu spät geschrieben wurde:

„Als Dr. Dengel mich vor ein paar Jahren für P. Mathis um die Erlaubnis bat, sich ganz ihrer Gemeinschaft zu widmen, zögerte ich. Ich fürchtete, seine Ungeeignetheit könnte ihre Gemeinschaft gefährden, so wie sie bereits die ‚Holy Cross Foreign Mission Organisation' in den USA gefährdet hatte. Falls ich das Dr. Dengel gegenüber nicht erwähnt hatte, dann in der Hoffnung, dass die Erfahrungen P. Mathis einsichtiger gemacht hätten, und weil ich niemals voraussah, dass er sich so viel Autorität aneignen würde in Dr. Dengels Gemeinschaft. Nun bedaure ich aufrichtig, dass ich Dr. Dengel nicht all das erklärt habe, bevor ich ihr P. Mathis als Superior gab. Denn ich bin in gewisser Weise für das verantwortlich, was, wie ich fürchte, ein göttliches Werk unterminiert hat. Deshalb schreibe ich diese deutlichen Worte ..." (Brief vom 27. Februar 1938).

Das 3. Generalkapitel konnte nun in entspannter Atmosphäre vom 8. bis 29. September 1938 in Washington, D. C. abgehalten werden. Anna Dengel wurde wieder zur Generaloberin der Gemeinschaft gewählt, der bereits 44 Schwestern angehörten. Sr. Agnes Marie notierte in ihr Tagebuch, dass alles sehr gut gelaufen sei und die Generaloberin ruhig und ausgeglichen wirkte.

P. Michael Mathis widmete sich nun nach der Mission seiner „zweiten Liebe", wie er es formulierte, der Liturgie und verlegte seine Arbeit auf universitären Boden. Er starb am 10. März 1960. Sehr nobel war der Nachruf, den Anna Dengel für die Monatszeitschrift der Gemeinschaft der Missionsärztlichen Schwestern verfasste: *„Durch Gottes Vorsehung half uns P. Mathis die Gemeinschaft zu eröffnen. Er hatte die notwendigen Qualitäten für diese Aufgabe. Er war ein glühender Verfechter der Mission. Unsere Dankbarkeit an ihn ist groß, aber nicht hinreichend für all das, was er für uns getan hat. Es ist tröstlich zu wissen, dass Gott nun seine außerordentliche Größe belohnen wird."*

7. Kapitel

Das „Aus" für ein überholtes Verbot

Der Brief war mit 28. Juni 1939 datiert, den der Jesuit Rochus Rimml in Innsbruck noch knapp vor Ausbruch des Zweiten Weltkrieges von Anna Dengel aus dem fernen Amerika erhielt. Es war der letzte für längere Zeit, denn wenige Wochen später, mit dem Einmarsch der deutschen Truppen am 1. September 1939 in Polen, schlitterte ganz Europa zum zweiten Mal in diesem Jahrhundert in ein unvorstellbares Inferno. Rimml erfuhr noch, dass es mit der kleinen Gemeinschaft, der bereits achtzig Schwestern angehörten, in den letzten Jahren gut vorangegangen sei, aber aller Einsatz mit *viel Kreuz und Leiden* verbunden war.

Es war tatsächlich etwas viel, was Anna Dengel in den letzten Jahren aufgebürdet bekam und es grenzte daher an ein Wunder, dass trotz der ständigen Turbulenzen über die Leitungsposition sich die junge Gemeinschaft unter ihrer Führung so positiv weiterentwickeln konnte. Nicht nur das Interesse junger Frauen an einem Eintritt nahm ständig zu, sondern auch die Arbeitsgebiete weiteten sich immer mehr aus. Die neue Gemeinschaft hatte sich in den Missionsgebieten bereits einen Namen gemacht. Die ständigen Anforderungen ließen aber der Generaloberin kaum Zeit und Raum für eine innere Sammlung. Dass ihr das fehlte, sprach sie auch in ihrem Brief an P. Rimml deutlich aus: *„Mein Leben geht in fortwährender Arbeit* *dahin; in letzter Zeit sehne ich mich – nicht nach weniger Arbeit – aber mehr Vergeistlichung.“*

Neben allem Stress gab es aber in diesen Jahren auch einen Höhepunkt, der sie die sehr belastenden und sich schon über Jahre hinziehenden Kompetenzstreitigkeiten mit P. Mathis kurzfristig vergessen ließ. Im Rahmen einer Weltreise, zu der sie ihre Freundin Margarete Hattemer Anfang des Jahres 1936 eingeladen hatte und zu der beide im Sommer aufbrachen, machten die beiden Frauen auch in China, in Peking, Station. Wie vor Reiseantritt vereinbart, nahm Anna Dengel nach ihrer Ankunft sofort Kontakt mit der Nuntiatur auf, ob es Nachrichten aus der Heimat für sie gäbe. Und es gab welche, aber nicht aus Washington, sondern aus Rom. Ihre Hände zitterten, als sie das Schreiben der „Congregatio de Propaganda Fide“ in Händen hielt. Was sie las, konnte sie fast nicht fassen: Mit dem am 11. Februar 1936 veröffentlichten päpstlichen Dekret „Constans ac sedula“ wurde endlich die Erlaubnis erteilt, dass auch Ordensfrauen in den Bereichen Geburtshilfe und Chirurgie medizinisch tätig sein durften. Diese Kehrtwendung Roms bedeutete nicht nur für die ärztliche Versorgung in den Missionsländern unendlich viel, sondern auch für die Zukunft der Gemeinschaft der Missionsärztlichen Schwestern. Aus der als „Pia unio“ gegründeten Vereinigung konnte nun eine Kongregation mit voller kirchlicher Anerkennung werden, deren Mitglieder auch die ewigen Gelübde ablegen durften. Mit dem Segen der Kirche konnten sie jetzt auch als Ordensfrauen ohne jegliche Einschränkungen ihrer medizinischen Tätigkeit in vollem Umfang nachgehen. So glücklich war Anna Dengel schon lange nicht gewesen.

Es war der Hartnäckigkeit zweier Frauen, Agnes McLaren und Anna Dengel, zu verdanken, dass die Kirche ein mehr als 700 Jahre bestehendes Verbot aufhob, das in seiner Auswirkung verheerende Folgen in der medizinischen Betreuung von Frauen und Kindern, vor allem in den Missionsländern, hatte. Die Zeit war einfach reif für diese Entscheidung, denn der Stand der Medizin im 20. Jahrhundert und der ethische Umgang damit rechtfertigte kaum mehr das bestehende Verbot aus dem 13. Jahrhundert. Wesentlich zu diesem Umdenkprozess trug sicher das von den beiden Frauen in den zurückliegenden Jahren geknüpfte Netzwerk bei, bestehend aus Kardinälen, Bischöfen und Missionaren an der Basis. Sie alle wurden immer wieder in Rom vorstellig und machten aus ihren eigenen Erfahrungen auf die bestehende Notsituation aufmerksam. Einen großen Befürworter hatte Anna Dengel im Erzbischof von Philadelphia, Kardinal Dennis Joseph Dougherty, gefunden. Er wusste um die katastrophalen Zustände bei der geburtshilflichen Versorgung von Müttern und Kindern noch aus jener Zeit, als er Bischof auf den Philippinen war. In einem an Papst Pius XI. 1935 gerichteten Memorandum bat er diesen eindringlich, das bestehende Verbot im Kirchenrecht raschest aufzuheben.

In Rom begann man sich in den letzten Jahren, vorerst noch zögerlich, generell mit der Ausrichtung der im 20. Jahrhundert geforderten Missionstätigkeit auseinanderzusetzen. Dies hatte einiges mit der am 6. Februar 1922 erfolgten Wahl von Achille Ratti zum neuen Papst zu tun, der sich bald als ein großer Förderer der Missionsarbeit zeigte. Bereits im Jahr der Wahl von Pius XI. wurde im Juni in Rom ein Missionskongress abgehalten. Drei Jahre später, 1925, kam es im Vatikan zu einer großen Missionsausstellung, die von mehr als einer Million Katholiken besucht wurde. Am 28. Februar 1926 veröffentlichte der Papst dann seine Missionsenzyklika „Rerum ecclesiae", in der er u. a. in den Missionsländern die Förderung eines einheimischen Klerus und die Errichtung von Seminaren für Einheimische forderte. Damit sollte der Schritt von dem bisher in der Mission vorgegebenen, oft aufgezwungenen europäischen Denkmuster hin zur Beibehaltung und Pflege der je eigenen kulturellen und traditionellen Identität gesetzt werden. Die in den kommenden Jahren in allen

Missionsländern rasch wachsende Zahl der Neuchristen und auch der einheimischen Priester bestätigten die Richtigkeit dieses Umdenkens. Pius XI., der bald „Missionspapst" genannt wurde, nahm bereits einiges an Gedankengut des Zweiten Vatikanums vorweg, wenn er den in der ärztlichen Mission Tätigen ans Herz legte: „… Die Menschen dürfen nie den Eindruck haben, dass ihre Bekehrung und Taufe eine Vorbedingung sei für eure sorgfältige Pflege und für eure christliche Liebe und Hingabe …"

Hoffnung, dass dieser Papst die Zielsetzung ihrer Gemeinschaft verstehen würde, schöpften die Missionsärztlichen Schwestern schon 1935 anlässlich einer Audienz bei Pius XI., wo sie ihre Anliegen persönlich vortragen konnten. Der Satz, den ihnen der Papst mit auf den Weg gab, signalisierte mehr als höfliche Anteilnahme: „Ihre Arbeit entspricht unseren eigenen Gedanken und Wünschen." Da aber selbst die Gedanken und Wünsche eines Papstes die vatikanischen Bürokratiehürden nicht sofort überwinden können, dauerte es eben noch sechs Jahre, bis das bestehende kirchenrechtliche Verbot aufgehoben wurde. Es musste noch eine Sonderkommission eingesetzt werden, die mit der Einholung von Stellungnahmen hochrangiger Kirchenmänner, der Erstellung einer Dokumentation und diverser Gutachten beauftragt wurde. Das Generalat des Kapuzinerordens, das ebenfalls in diesen Meinungsbildungsprozess einbezogen wurde, forderte 1934 von Anna Dengel eine ausführliche Stellungnahme zur bestehenden Situation ein. Sie wies darin nachdrücklich darauf hin, dass die hohe Todesrate von Müttern und Kindern sowie die große Fülle chronischer Leiden „*… nichts anderes sind als die Folgen falscher oder fehlender Behandlung im Kindbett … Ich bin überzeugt davon, dass Geburtshilfe, Betreuung von Mutter und Kind und entsprechende Mütterberatung nicht nur die dringendste Aufgabe christlicher Nächstenliebe sind, sondern auch die weitestreichende Möglichkeit apostolischen Wirkens und christlicher Einflussnahme … Solche Taten der Nächstenliebe würden auch zum Verständnis der christlichen Religion* *führen.*“ Sie umriss auch die gestellten Anforderungen an die medizinischen Helfer: „*… Sie müssen ordentliches Berufswissen haben und die Möglichkeit zur beruflichen Weiterbildung … Es ist nicht recht, so verantwortungsvolle Arbeit ohne die entsprechend fundierte Ausbildung zu beginnen.*“ Mit dieser Forderung befand sich Anna Dengel ebenfalls auf der Linie Pius XI., der bereits 1925 in einer Rede vor Krankenhauspersonal feststellte: „Heroismus ohne Fachwissen genügt nicht mehr.“

„*Wir haben es geschafft!*“ – Dieser Satz ging Anna Dengel immer wieder durch den Kopf, als sie den Brief in der Nuntiatur in Peking in Händen hielt. Obwohl sie diesen schon x-mal gelesen hatte, konnte sie es noch kaum fassen. Der Weg, den sie vor zehn Jahren mit der Gründung der Gemeinschaft eingeschlagen hatte, zeigte sich als richtig, trotz aller Probleme und Querschüsse. „*Es war von allem Anfang an nicht leicht, aber das Unmögliche von heute ist die Arbeit von morgen*“ und Unmögliches hat Anna Dengel noch nie von einer Idee abbringen können.

Als Anna Dengel Anfang Jänner 1936 zu dieser Weltreise aufbrach, ahnte sie nicht, welche freudige Nachricht sie weit weg von ihren Mitschwestern in einem anderen Kontinent erwarten würde. Vor ihrer Abreise hatte der Apostolische Delegat in Washington sie zu sich gerufen und sie gebeten, in den Hauptstädten der von ihr besuchten Länder die jeweilige Nuntiatur aufzusuchen. Sie fasste dies als notwendige Sicherheitsmaßnahme auf, damit die Kontaktaufnahme zwischen der Diözese, der Schwesterngemeinschaft und ihr als Generaloberin in wichtigen Angelegenheiten garantiert sei. Nun wusste sie den wahren Grund, sie sollte nämlich möglichst rasch die von ihr so sehnsüchtig erhoffte Nachricht erhalten können, von der die Zukunft ihres Lebenswerkes abhing, sobald diese offiziell wurde – und dies geschah am 11. Februar 1936 in Rom.

Constans ac sedula

Anweisung der „Congregatio de Propaganda Fide" für weibliche Ordensgemeinschaften, betreffend die Mütter- und Säuglingsbetreuung in Missionsländern

Es war immer die Praxis dieser Kongregation, die Methoden des Apostolats an die unterschiedlichen zeitlichen und örtlichen Bedürfnisse anzupassen. Nicht wenige Missionsorden haben den Heiligen Stuhl über die Notwendigkeit einer besseren Gesundheitsvorsorge für Mütter und Säuglinge in Kenntnis gesetzt. In einigen Regionen Afrikas, beispielsweise, verringern sich einzelne Stämme von Tag zu Tag und sind vom Aussterben bedroht, falls keine besseren Maßnahmen für die Betreuung von Müttern und ihren Säuglingen getroffen werden. Auch in anderen Ländern ist die Säuglingssterblichkeit aus Gründen mangelnder Hygiene erschreckend hoch. Die zivilen Behörden dieser Länder sowie nichtkatholische Religionsgemeinschaften widmen diesem Problem erhöhte Aufmerksamkeit; darüber hinaus werden von manchen zivilen Behörden nur Nonnen, die als diplomierte Krankenschwestern ausgewiesen sind, zum Spitalsdienst zugelassen.

Da und dort wurden bereits private Initiativen zur Betreuung von Müttern und Kleinkindern in Missionsländern ergriffen, sodass es dringend einer Regulierung und Koordinierung all dieser Unternehmungen bedarf. Deshalb hat die Kongregation nach gewissenhafter Erörterung der Frage und nach Einholung der nötigen Zustimmung seitens des Heiligen Vaters, in Übereinstimmung mit der Kongregation für die Ordensgemeinschaften beschlossen, die folgenden Regeln und Anweisungen herauszugeben:

Es ist wünschenswert, dass neue Schwesterngemeinschaften gegründet werden, die sich, unter den nötigen Sicherheitsvorkehrungen, der Betreuung von Müttern und Kindern widmen, deren Leben und Gesundheit in Gefahr sind. Die Gründung dieser erhofften Gemeinschaften muss im Einklang mit der allgemeinen Gesetzgebung erfolgen. Weiters würde es die Kongregation begrüßen, wenn in bereits existierenden Ordensgemeinschaften Schwesterngruppen gebildet würden, die sich ebenfalls in den Dienst dieser Aufgabe stellen. Falls nötig, werden unter dem Rechtsvorsitz dieser Kongregation die jeweiligen Ordensregeln in geeigneter Form durch Zusätze erweitert.

Die betreffenden Maßnahmen unterliegen jedoch folgenden Bedingungen:

a) Es ist nicht nötig, dass alle Ordensmitglieder sich selbst in den Dienst dieser Aufgabe stellen. Vielleicht gibt es unter ihrer Leitung eingeborene Laienschwestern, die Diplome erworben haben und die bereit sind, das Leben und den Geist des Ordens zu teilen.

b) Keine Schwester darf von ihren Ordensoberen dazu gezwungen werden Geburtshilfe zu leisten; nur diejenigen, die bereit sind, diese besondere Aufgabe missionarischer Tätigkeit freiwillig zu übernehmen, dürfen dazu bestimmt werden.

c) Diese neuen Aufgaben bedürfen einer ordnungsgemäßen medizinischen und spirituellen Vorbereitung. Die Schwestern müssen Befähigungsnachweise als Ärztinnen oder Krankenschwestern erbringen; vor allem aber müssen sie durch spezielle spirituelle Obsorge durch ihre Oberen geschützt sein. Die Schwestern sollen diesen medizinischen Dienst als einen Ausdruck christlicher Nächstenliebe betrachten, indem sie durch die Linderung der Leiden des Körpers den Weg bahnen für die Gnade der Erlösung. Die Worte des heiligen Franz von Sales, dass Nächstenliebe die achtsamste Hüterin der Keuschheit sei, treffen hier zu.

d) Zum Erwerb der nötigen Diplome sollten die Schwestern katholische Spitäler und Universitäten besuchen, oder, wenn diese fehlen, wenigstens solche Anstalten, wo katholische Lehrer wirken. Sollte es ihnen jedoch nicht möglich sein, katholische Spitäler und Universitäten zu besuchen, können sie, mit Erlaubnis dieser Kongregation, ihr Studium auch in Spitälern mit weltlicher Leitung absolvieren. Kandidatinnen sollten solche Institutionen in Gruppen von mindestens zwei Teilnehmerinnen besuchen und, wenn nötig, weltliche Kleidung von ansprechender Schlichtheit tragen. Sie müssen jedoch in konfessionellen Häusern wohnen, wo sie die nötige tägliche spirituelle Unterstützung erhalten.

e) In neuen religiösen Gründungen, die sich ex professo der Mutter-und-Kind-Fürsorge widmen, sollen die Kandidatinnen ihre Universitätsstudien abgeschlossen haben, bevor sie ihre ewigen Gelübde ablegen. In bereits bestehenden Institutionen sollte dieser Grundsatz in Betracht gezogen und übernommen werden, sofern es die Konstitutionen gestatten.

Was die Ausübung medizinischer und chirurgischer Praxis durch Missionare betrifft, ist dies in § 139 des Kanonischen Rechts und durch Sondergenehmigungen, die diese Kongregation üblicherweise gewährt, geregelt.

Gegeben zu Rom im Palast der Sacra Congregatio de Propaganda Fide, am 11. Februar 1936
Petrus Kardinal Fumasoni-Biondi, Präfekt

China und Korea gehörten zu den letzten Stationen der viereinhalb Monate dauernden Reise der beiden Ärztinnen, die über Brasilien, Südafrika, Indien, Burma, Thailand, Indonesien auf die Philippinen und schließlich nach China und Korea führte. Anna Dengel hatte überall, wo sie Station machte, mit den dortigen Bischöfen und Missionaren Kontakt aufgenommen. Die beiden Frauen besuchten auch die örtlichen Missionsstationen sowie die bestehenden medizinischen Einrichtungen, um sich vor Ort ein Bild über das vorhandene, aber vor allem über das fehlende ärztliche Versorgungsangebot machen zu können. Ob Anna Dengel damals geahnt hatte, dass einmal in vielen dieser Länder von der Gemeinschaft der Missionsärztlichen Schwestern errichtete Krankenhäuser bzw. von dieser geleitete Gesundheitszentren entstehen würden? In Indien allein zwölf Krankenhäuser, auf Indonesien vier Mutter-Kind-Stationen, Krankenhäuser auch in mehreren Staaten Afrikas sowie Hebammenschulen usf. Ihrer Persönlichkeit und ihrer Tatkraft würde es aber entsprochen haben, wenn sie dafür nicht bereits die Pläne im Hinterkopf gehabt hätte.

8. Kapitel

Die römische Anerkennung

Fox Chase, 8400 Pine Road, Philadelphia – das war ab Oktober 1939 die neue Adresse der Gemeinschaft der Missionsärztlichen Schwestern. Bereits 1934 bot Kardinal Dougherty den Schwestern die Übersiedlung von Washington, D. C. in sein Bistum nach Philadelphia an. Jetzt, fünf Jahre später, war es nun so weit und Fox Chase blieb bis zur Verlegung des Generalats 1958 nach Rom jener Ort, wo alle Fäden der Gemeinschaft zusammenliefen und als „Chefin" Mutter Anna Dengel herrschte, die Zügel fest in den Händen haltend. Treffend charakterisierte sie eine Mitschwester: „Sie war eine willensstarke Frau. Wenn sie sich etwas vornahm, dann musste es durchgezogen werden. Dabei verlangte sie sich selbst und den Mitschwestern manchmal sehr viel ab."

Das Gründungshaus in Brookland, Washington, D. C. war längst zu klein geworden. Der Gemeinschaft gehörten bereits 80 Schwestern an, darunter waren u. a. sechs Ärztinnen, drei Pharmazeutinnen und 30 ausgebildete Krankenschwestern. Die Ansuchen um Aufnahme in die Gemeinschaft nahmen ständig zu, was natürlich sehr erfreulich war. Dafür wurde aber auch dringend mehr Platz gebraucht und Fox Chase bot sich hier ideal an. Auf dem riesigen Areal entstanden in den nächsten Jahren neben der Zentrale der Gemeinschaft noch ein Postulat und Noviziat sowie ein Studienzentrum. Durch den Ankauf von umliegenden Feldern und Obstgärten und deren landwirtschaftliche Nutzung konnte auch die eigenständige Versorgung gesichert werden. Die ländliche Herkunft der Generaloberin schlug dabei sicherlich durch.

Am Rande des weiten Geländes stand „Anna Dengels Hütte", wie das kleine Haus in Abwandlung des Titels eines damals viel gelesenen Buches („Onkel Toms Hütte" von Harriet Beecher Stowe) genannt wurde. Dieser ganz persönliche Bereich der Generaloberin bestand aus Schlaf-und Arbeitszimmer sowie Besprechungsraum. Hierher zog sie sich zurück, um Atemholen zu können von den wachsenden Anforderungen und spirituell aufzutanken im Gebet. Zu ihrem Bedauern blieb ihr dafür nur wenig Zeit.

1939 fasste Anna Dengel einen Entschluss, der sich bald als richtig erwies. Sie reichte um die amerikanische Staatsbürgerschaft ein. Ihr Vater, der 81-jährig am 13. Mai 1938 verstarb, hätte diesen Schritt vermutlich nicht verstanden, aber es war angesichts der politischen Entwicklungen in Europa eine richtige Entscheidung. Im Herzen blieb sie ja immer Österreicherin und vor allem Tirolerin. Ihr Österreich aber existierte nicht mehr seit dem 12. März 1938, dem Einmarsch deutscher Truppen in Österreich. Die nunmehrige Ostmark war jetzt Teil des von den Nationalsozialisten beherrschten Deutschen Reiches. Mit dem Überfall im September 1939 auf Polen setzte Adolf Hitler den Beginn für den größten und opferreichsten militärischen Konflikt des 20. Jahrhunderts. Der Zweite Weltkrieg forderte allein in Europa 47 Millionen Tote (weltweit 65 Millionen). Nach Frankreich und England trat im Dezember 1941 auch Amerika in den Krieg ein. Zum zweiten Mal in ihrem Leben wäre dann Anna Dengel wieder zur „feindlichen Ausländerin" erklärt worden. Auf die Weiterentwicklung der gerade aufblühenden Gemeinschaft hätte sich dies denkbar ungünstig ausgewirkt. Und ob sie diesmal auch so tolerant wie in Irland während des Ersten Weltkriegs behandelt worden wäre, bleibt fraglich.

Anna Dengel hatte bereits zu Jahresbeginn ihre Mitschwestern informiert, was sie 1939 zu realisieren gedachte: Übersiedlung des Mutterhauses nach Philadelphia; Aufbau eines Postulates in den Niederlanden und Eröffnung einer neuen Missionsstation in Patna/Indien. Ihr Optimismus und ihre Tatkraft wurden auch von der sich abzeichnenden Kriegsgefahr nicht beeinträchtigt.

Der Aufbau eines Postulats und Noviziats für die eintretenden Schwestern lag ihr sehr am Herzen. Sie selbst hatte ja, obwohl Gründerin der Gemeinschaft, nie ein Noviziat absolviert, was ihr P. Mathis im Rahmen der Auseinandersetzungen zum Vorwurf gemacht hatte: „Sie als Generaloberin haben niemals ein echtes Noviziat absolviert … und verstehen Ordensleben daher nicht vollständig …" Anna Dengel hatte zwar 1937 den Vorsatz gefasst, ein kanonisches Jahr als Noviziat bei den „Heilig Kreuz Schwestern" von St. Mary in Indiana zu verbringen. Doch aus dem geplanten Jahr wurden nur einige Monate, denn die Turbulenzen mit P. Mathis machten für sie eine längere Absenz in ihrer Position als Generaloberin unmöglich.

Bereits 1931 wurde in England auf Einladung von Kardinal Francis A. Bourne, Erzbischof von Westminster, und mit Hilfe von Pauline Willis vom „Medical Missions Committee" ein Grund in Osterley, einem Vorort von London erworben und darauf ein Ausbildungszentrum mit Noviziat in erster Linie für Interessentinnen aus Europa errichtet. Ein weiteres Noviziat entstand später dann in South Shields bei Newcastle on Tyne. Die erste Schwester aus Deutschland, Monica Neuhaus, absolvierte 1931 in England ihr Noviziat. Sie wurde später die engste Vertraute von Anna Dengel und begleitete diese bis zu deren Tod.

Nun sollte auf Einladung des Bischofs der Diözese Roermond, Josef H. G. Lemmens, auch in Holland ein Noviziat entstehen. In Holland stieß die Kunde von der missionsärztlichen Neugründung im fernen Amerika bei vielen jungen Frauen auf großes Interesse. Vermutlich basierte dies darauf, dass die Niederlande damals noch große Kolonien im Fernen Osten besaßen und ihnen ein Engagement für die Mission nicht fremd war. Um die Lage zu erkunden, ob sich eine Niederlassung auf europäischem Boden lohnte, machte sich Anna Dengel wieder einmal auf den Weg. Es war eine von Wehmut überschattete Reise. Mit der sich unheilvoll zuspitzenden politischen Lage in Europa, über die es in der amerikanischen Öffentlichkeit noch wenig Information gab, wurde sie bei ihrer Ankunft in den Niederlanden sofort konfrontiert. Sie ahnte, dass dies für längere Zeit die letzte Reise nach Europa sein würde. Auch der Besuch bei einem alten Wegbegleiter, nämlich Monsignore Dominic Wagenaar in Arnheim, stimmte sie wehmütig. Er war es ja gewesen, der als Apostolischer Präfekt von Rawalpindi die Ärztin Agnes McLaren sehr eindringlich auf die medizinische Unterversorgung von Müttern und Kindern in Indien und die damit verbundenen Probleme aufmerksam gemacht hatte. Wagenaar verfolgte daher in den zurückliegenden Jahren die Arbeit von Anna Dengel mit großem Interesse und unterstützte, überzeugt von der Notwendigkeit eines missionsärztlichen Apostolats, die Zielsetzungen der von ihr gegründeten Gemeinschaft auch in vatikanischen Kreisen. Nun war er, ausgezehrt von seiner langen Missionstätigkeit in Indien, am Ende seines Lebens angelangt. Es war das letzte Zusammentreffen zwischen ihm und Anna Dengel. Dominic Wagenaar starb 1942.

Der Start für die ersten Schwestern, die unter der in Holland geborenen Sr. M. Eleonore Lippits in diesen unsicheren Zeiten auf europäischem Boden einen Anfang wagten, war denkbar ungünstig. Kurz nach der Ankunft brach der Krieg aus und der Kontakt zum Mutterhaus in Amerika riss ab. Große Schwierigkeiten für die kleine Gemeinschaft entstanden, als die deutsche Wehrmacht Holland besetzte und Einquartierungen sich nicht vermeiden ließen. Als durch eine Brandbombe das Provinzhaus Imstenrade schwer beschädigt wurde, mussten die Schwestern auf einem Bauernhof vorübergehend Unterschlupf finden. Es grenzte daher an ein Wunder, dass trotz dieser aus den Fugen geratenen Zeit die Anfragen um Aufnahme in die Gemeinschaft nicht abrissen. Sr. Eleonore musste daher die Doppelfunktion als Oberin wie auch als Novizenmeisterin ausüben. Dass sie ihre Aufgabe mit Gottvertrauen und Mut hervorragend bewältigte, zeigte sich darin, dass zu Kriegsende 1945 die holländische Gemeinschaft bereits aus 60 Schwestern bestand. Sie waren alle, trotz der Schwierigkeiten in den zurückliegenden Jahren, für ihre missionsärztliche Tätigkeit hervorragend ausgebildet. Daher war es auch möglich, einige von ihnen bereits im Jahre 1947 nach Indonesien zu entsenden, um auf der Insel Celebes (heute: Sulawesi) eine Missionsstation aufzubauen. Ein nicht ungefährlicher Auftrag, denn die politische Lage drohte dort zu eskalieren. Die niederländische Kolonialmacht versuchte mit allen Mitteln die 1945 erfolgte Unabhängigkeitserklärung Indonesiens brutal zu unterdrücken. Trotzdem übernahmen die Schwestern in Makassar die Leitung der staatlichen Hebammenschule, die sie zur größten des Inselreiches ausbauten.

Die holländische Provinz der Schwesterngemeinschaft, der nach dem Krieg noch ein Studienhaus in Utrecht angeschlossen wurde, entwickelte sich zu einer wichtigen Schaltstelle in Europa für missionsärztliche Einsätze, vor allem in den ehemaligen niederländischen Kolonien. Es kam zu Gründungen auf Java (1949), im Oranje-Freistaat in Südafrika (1951), aber auch im Kongo 1957 (heute: Zaire) und 1959 im Nyasaland (heute: Malawi).

Von Holland aus wurden auch die ersten Niederlassungen für deutschsprachige Schwestern in Deutschland errichtet. Erste Stationen waren Mödrath bei Köln, Mülheim und Gelsenkirchen, die aber bald wieder aufgelassen wurden. Ab 1962 wurde für die nächsten 30 Jahre das Missionshaus in Essen-Steele-Horst ein wichtiges Ausbildungszentrum deutschsprachiger Schwestern für ihren Einsatz in den Missionsländern. Essen wurde einigen Schwestern aber auch zur „Heimatbasis“, wenn sie aus Afrika, Asien oder Lateinamerika kommend Urlaub in der Heimat machen wollten.

Wir schreiben aber erst 1939 und die rasante Ausbreitung der Gemeinschaft in den nächsten Jahrzehnten hätte wahrscheinlich nicht einmal Anna Dengel vermutet. In ihrem jährlichen Lagebericht an das Würzburger Missionsärztliche Institut schrieb sie, dass über fünfzig Anfragen von Bischöfen bezüglich der Aufnahme missionsärztlicher Tätigkeit bei ihr eingelangt seien, aber *„Die Ernte ist reif, der Arbeiter sind wenige"* (Jahresbericht 1939). Sie musste den Anfragen sehr oft eine Absage erteilen, weil dafür nicht so viele gut vorbereitete Schwestern zur Verfügung standen. Momentan war sie froh, dass sie die für dieses Jahr geplanten Vorhaben trotz der schwierigen Zeiten durchziehen konnte.

Die Übersiedlung von Washington, D. C. nach Philadelphia war gut über die Bühne gegangen. Im Herbst dieses Jahres konnte eine neue Missionsstation in Indien in der amerikanischen Jesuitenmission von Patna (Provinz Bihar) errichtet werden. Nach dem Bau des ersten „Holy Family Hospitals" in Rawalpindi und der Leitung von drei Mutter-Kind-Zentren sowie einer Schwesternschule in Dhaka, Bengalen (heute: Bangladesch) entstand hier nun das zweite Spital der Gemeinschaft. Gerade die Provinz Bihar zählte zu den größten Elendsgebieten Indiens. Das „Holy Family Hospital" in Patna entwickelte sich später zu einem der größten Krankenhäuser der Missionsärztlichen Schwestern. Der Anfang forderte aber den Schwestern viel Ausharrvermögen ab, so mussten sie die erste Zeit unter primitivsten Umständen in einer aufgelassenen Kirche wohnen. Der Kampf gegen Naturgewalten oder der notwendige Erfindungsgeist bei Stromausfall während einer Operation gehörten zu ihrem Alltag. Zimperlich durfte niemand sein, aber das traf auf die Schwestern auch nicht zu. Sie waren nicht nur mit Mut, sondern auch mit einer gehörigen Portion Humor ausgestattet – und damit ließ sich vieles meistern. Diesen Rat hatte ihnen ihre Generaloberin mit auf den Weg gegeben: *„Einen Sinn für Humor sollen Missionarinnen haben. Wenn ihr diesen nicht habt, wird das Leben steif, hart und ernst."*

In den 1950er-Jahren in Rawalpindi

Der sich wie ein Flächenbrand ausbreitende Krieg in Europa zeigte bereits vor dem Eintritt Amerikas in den Krieg seine Auswirkungen. Die Kontakte zu Europa brachen nach und nach ab. Anna Dengel war nun zum zweiten Mal in ihrem Leben infolge Kriegswirren von ihrer Familie in Tirol abgeschnitten. Auch die Verbindung zwischen Generalat und den Missionsstationen der Gemeinschaft in Indien konnte nur mehr spärlich über den Vatikan oder über das Rote Kreuz aufrechterhalten werden. Über diesen Weg durften auch die Schwestern ihren Familien Nachricht zukommen lassen. Die Briefe hatten aber keine, auch nicht verklausulierte Hinweise über die militärische bzw. politische Situation oder über die herrschende Versorgungslage zu enthalten. Trotzdem geriet eine Schwester in Rawalpindi einmal ins Visier der britischen Spionageabwehr. Sie hatte ihrer Mutter in Holland gar zu blumenreich die Fauna und Flora im

Das 1. katholische Spital in Neu Delhi: Anna Dengel hält die Eröffnungsrede, 1953.

neu angelegten Garten rund um das „Holy Family Hospital" geschildert. Die Zensurbeamten vermuteten, dass sich hinter der Nennung der Pflanzen- und Tiernamen verschlüsselte Geheiminformationen verbargen. Erst in einem längeren Verhör konnte der Spionageverdacht entkräftet werden.

Mit ihrem jüngeren Bruder Josef, der als Missionar in Indien festsaß, hatte Anna Dengel ebenfalls keinen Kontakt mehr. Vor Kriegsausbruch trafen sich die Geschwister doch hin und wieder im Rahmen ihrer Tätigkeiten. Josef hatte Theologie studiert, trat in den Missionsorden vom heiligen Josef von Mill Hill ein und ging nach seiner Priesterweihe 1933 nach Südindien. Nach fünfundzwanzig Jahren kehrte er 1958 in seine Heimat Tirol zurück. Bereits krank leitete er noch als Rektor das St.-Josefs-Missionshaus in Absam in Tirol. Er starb 1963, ausgebrannt von einem Leben bei den Armen in der Mission.

Die Arbeit ging für die amerikanische Provinz der Gemeinschaft der Missionsärztlichen Schwestern aber trotz Kriegsausbruch weiter. Sie verlagerte sich nur, auch im Inland wurde Hilfe gebraucht. Diese Unterstützung zu geben, entsprach durchaus dem Gründungsgedanken von Anna Dengel: *„Wir sind Missionarinnen, ob zu Hause oder im Ausland, hier und heute, vom Tag unseres Eintritts bis zu unserem Tod."*

Dass auch in Amerika in der medizinischen Versorgung nicht alles zum Besten bestellt war, hatte Anna Dengel mit ihrem wachen Blick bald erkannt. Durch das fehlende Sozialnetz war vielen Menschen die Inanspruchnahme medizinischer Versorgung verwehrt. Vom Erzbischof von Santa Fe, Aloysius Gerken, kam 1943 eine besorgte Anfrage, da in seinem Bereich die Mütter- und Kindersterblichkeit im Vergleich zu anderen Diözesen enorm hoch sei. Betroffen wären vor allem Schwarze und Mexikaner. Anna Dengel sandte zwei als Hebammen ausgebildete Schwestern nach New Mexico, die bald Tag und Nacht zu Hausgeburten unterwegs waren. Zusätzlich wurde auch eine Schwangerenbetreuung aufgebaut. Anna Dengel ging aber das bestehende Problem noch von einer anderen Seite an. Mit staatlicher Unterstützung initiierte sie den Aufbau einer Hebammenschule, die dann von Schwestern der Missionsärztlichen Gemeinschaft geführt wurde. Übrigens die erste unter katholischer Leitung in den USA. Viele der Absolventinnen gingen nach Kriegsende im Rahmen amerikanischer Hilfsprogramme in verschiedene Länder der Welt und leisteten dort wertvolle Hilfe.

Die nächste Anfrage kam aus Atlanta (Georgia), wo eine katholische Laienorganisation die „Catholic Colored Clinic" erbaut hatte. Der Schwerpunkt lag hier auf der kostenlosen Behandlung der mittellosen schwarzen Bevölkerung. Es fehlte aber rundum an Personal. Der Ruf von der qualifizierten Arbeit der Missionsärztlichen Schwestern war bereits so verbreitet, dass man sich als erste Adresse an sie wandte. Anna Dengel entschied sich für die Übernahme der Leitung bis Kriegsende, doch die Schwestern blieben dann länger als geplant.

Im Jahre 1941 bekam die Gemeinschaft der Missionsärztlichen Schwestern („Medical Mission Sisters", Abk. MMS) endlich ihren festen Platz innerhalb der Kirche. Nach der 1936 erfolgten Aufhebung des kirchenrechtlichen Verbots, wonach Ordensfrauen keine ärztliche Tätigkeit ausüben durften, stand dem nun nichts mehr im Wege. Aus Rom traf mit kriegsbedingter Verzögerung die Nachricht ein, dass die Gemeinschaft jetzt den Status einer Kongregation erhalte, aber als Missionsgemeinschaft nicht nur dem Diözesanbischof allein verantwortlich sei, sondern auch der Jurisdiktion der Kongregation für die Verbreitung des Glaubens in Rom. Seit der Gründung der Gemeinschaft waren sechzehn Jahre vergangen, Jahre in denen Anna Dengel bis an die Grenzen ihrer körperlichen und seelischen Kraft für ihre Idee gekämpft hatte. Jetzt war sie am Ziel, denn die Gemeinschaft der Missionsärztlichen Schwestern gehörte nun offiziell als anerkannte kirchliche Gemeinschaft der katholischen Kirche an und ihre Mitglieder durften jetzt auch die ewigen Gelübde ablegen.

Am 15. August 1941 fand dies in einer schlichten Zeremonie vor Erzbischof Dougherty statt. Die Generaloberin, ab jetzt Mutter Dengel, und neun Schwestern legten die ewigen Gelübde ab. Ihr zeitliches Gelöbnis vorerst für drei Jahre gaben 19 Schwestern ab, um sich nach Ablauf dieser Zeit ebenfalls für ihr ganzes Leben an die Gemeinschaft zu verpflichten. Zehn Novizinnen legten an diesem Tag ihre Erste Profess ab. Die Chronik berichtet, ohne die Hintergründe dafür zu nennen, dass die Feier im Bootshaus, das dafür zu einer provisorischen Kapelle umgestaltet wurde, stattfand, „aber trotzdem sehr berührend war". Trotz der Kriegswirren hatte die Kommunikation mit den Außenstellen so funktioniert, dass an diesem 15. August auch 23 Schwestern in Europa bzw. Indien ihre ewigen Gelübde ablegten. Ein Akt, der das Gemeinschaftsgefühl ungemein stärkte.

Die Bedingungen für eine Aufnahme in die Kongregation bestanden in sechs Monaten Postulat, dem folgte ein zweijähriges Noviziat.

Dann wurden die zeitlichen Gelübde auf drei Jahre abgelegt, welchen die ewigen Gelübde folgten. Auf eine gemeinsame Ordenstracht hatte man sich schon vor Jahren geeinigt. Es war P. Mathis, der großen Wert darauf legte, um damit „die klösterliche Wesensart" auch in der Öffentlichkeit zu dokumentieren. Anna Dengel war zuerst dagegen gewesen, da sie aus ihrer Praxiserfahrung befürchtete, dass Habit und Schleier gerade bei der ärztlichen Tätigkeit in der Mission hinderlich sein könnten. Letztendlich fügte sie sich der Entscheidung des Generalkapitels. Ausgerechnet sie war es aber dann, die den am Generalkapitel 1967 gefassten Entschluss, dass die Schwestern künftig ihre persönliche Zivilkleidung tragen dürften, nicht mit vollziehen wollte. Sie trug Habit und Schleier bis zu ihrem Tod.

Als Missionsarbeit betrachtete es Mutter Dengel auch, sich während des Krieges um emigrierte Österreicher zu kümmern. So kam sie auch in Kontakt mit der vielköpfigen Familie des k. k. Korvettenkapitäns Georg Ludwig von Trapp, die sich in den USA als „Trapp Family Singers" ihren Lebensunterhalt „ersingen" mussten. International berühmt wurde die Trapp-Familie später durch die Verfilmung ihrer Lebensgeschichte und dem darauf basierenden Musical „The Sound of Music". Angeblich hörte Anna Dengel das daraus stammende und etwas rührselige Lied „Edelweiß" besonders gerne.

Am 7. Mai 1945 unterzeichneten Vertreter der deutschen Wehrmacht die bedingungslose Kapitulationserklärung im Hauptquartier der US-Streitkräfte in Reims. Adolf Hitler, der aus Größenwahn diesen Weltbrand entfachte, hatte bereits Ende April Selbstmord verübt. Was übrig blieb vom Großdeutschen Reich, lag großteils in Schutte und Asche. Hunderttausende waren auf der Flucht oder wurden vertrieben und Millionen Menschen hungerten. In den USA gründeten 22 private Wohlfahrtsverbände die Hilfsorganisation CARE („Cooperative for American Remittances to Europe"), um Lebensmittelpakete in großem Umfang nach Europa zu senden. Nachdem das von der US-Regierung verhängte Verbot der Entsendung von Hilfslieferungen nach Deutschland im Dezember 1945 endete, lief die Auslieferung ab Juni 1946 voll an. Auch Anna Dengel sandte an ihre Familie nach Tirol solche Care-Pakete, deren Inhalt eine Aufbesserung der kärglichen Lebensmittelration bedeutete. Noch heute erinnern sich Nichten an die Köstlichkeiten, deren Absender die Tante aus Amerika war.

Bald nach Kriegsende nahm Anna Dengel auch wieder Briefkontakt mit ihrem geistlichen Freund P. Rimml auf. Sie schrieb ihm am 17. März 1948, dass sich in den letzten Jahren die Gemeinschaft äußerst gut entwickelt habe und diese bereits 200 Mitglieder zähle, Novizinnen und Postulantinnen mit eingeschlossen. Sie berichtet ihm auch, dass im August 1947 das 4. Generalkapitel seit der Gründung stattfand und sie wieder zur Generaloberin gewählt wurde, *„obwohl nicht mehr einstimmig"*.

Nicht nur der Krieg, sondern auch der Überlebenskampf der Nachkriegszeit hatte die Menschen verändert. Anordnungen von oben wurden nicht mehr ohne weiteres angenommen. Vorerst noch zögerlich, aber immer deutlicher wurden in den nächsten Jahren die Worte Mitbestimmung und Mitverantwortung hörbar. Nicht mehr einer oder eine sollte allein das Sagen haben – Demokratisierung war das Ziel. Durch die nicht mehr „einstimmig" erfolgte Wahl zeichnete sich auch in der Gemeinschaft bereits ein sich anbahnendes Umdenken in der künftig notwendigen Leitung ab. Trotz aller Erfolge der Missionsärztlichen Schwestern in den kommenden Jahren begann für die Generaloberin Mutter Anna Dengel die Zeit eines schwierigen und für sie auch noch sehr schmerzhaft werdenden Umdenkprozesses.

9. Kapitel

Vorzeichen einer neuen Ära

„Es war ein großes Fest“ – vermeldet die Chronik der Gemeinschaft über den 22. September 1955. Das war es tatsächlich. Der große Saal der Musikakademie von Philadelphia war zum Bersten voll. Über zweitausend Menschen nahmen am Festakt aus Anlass des 30-jährigen Bestehens der Gemeinschaft der Missionsärztlichen Schwestern teil. Das bunte, aus Musik und Wort bestehende Programm moderierte Weihbischof Fulton John Sheen, der als erster „Fernsehpfarrer“ Amerikas einen hohen Bekanntheitsgrad hatte. Mit ein Anlass, dass die Karten für diese Benefizveranstaltung rasch ausverkauft waren. Bischof Sheen stellte Mutter Anna Dengel dem Publikum als jene Frau vor, die neue Ideen in die Mission eingebracht hat, „wodurch Frauen heute mehr Lebensmöglichkeiten erhalten haben“.

Am 30. September, dem Tag, an dem sich vor drei Jahrzehnten die ersten vier mutigen Frauen für diese Pionieraufgabe verpflichteten, fand dann eine eher familiäre Feier im Mutterhaus der Gemeinschaft statt, zu der auch P. Mathis auf Einladung von Anna Dengel stieß. Seit den vor Jahren zwischen ihnen bestehenden Kontroversen war doch eine längere Zeit verstrichen und so konnten beide nun unbefangener den Anwesenden über das Entstehen der Gemeinschaft erzählen, aber sicherlich aus der jeweils eigenen Sicht.

1958, auf einer Gartenparty in Philadelphia

Anna Dengel war mit diesem Jubiläum an einer Station ihres Lebens angelangt, an der sie Rückschau auf eine schwere, aber auch an Früchten reiche Zeit halten konnte. Es entsprach aber ihrem Charakter und Arbeitsstil, sich auf dem Erfolg nicht auszuruhen, sondern bereits Pläne für die Zukunft zu machen. Ein Verharren auf dem Erreichten lag ihr nicht, obwohl sich die nach dreißig Jahren gezogene Bilanz sehen lassen konnte. Der Kongregation gehörten jetzt fast 500 Schwestern an, die auf fünf Kontinenten in 33 Missionsstationen, großteils von der Gemeinschaft errichtet, tätig waren.

Wehmütig dachte Anna Dengel an diesem Tag aber auch daran, dass sie in den zurückliegenden Jahren viele Weggefährten durch den Tod verloren hatte. Am 31. Mai 1951 starb der größte Unterstützer und Förderer ihrer Idee – Dennis Joseph Kardinal Dougherty, Erzbischof von Philadelphia, im 86. Lebensjahr. Ihm hatte sie unendlich viel zu verdanken – seinen Einsatz in Rom für die Anerkennung dieser neuen Gemeinschaft, aber auch seine Unterstützung und seinen Rat bei den Differenzen mit P. Mathis. Im Nachruf in der Zeitung „Medical Missionary Magazine" schreibt Anna Dengel ausführlich über die väterliche Begleitung, die sie durch „Seine Eminenz" jederzeit erfahren hatte und schließt mit den Worten *„Wir können und werden ihn niemals vergessen. Seiner werden wir in der Gemeinschaft jeden Tag dankbar gedenken."*

Als Mutter Dengel Rückblick hielt, hatten ihr die zurückliegenden Jahre schon sehr viel an Durchhalte- und Stehvermögen abverlangt. Es war nicht leicht, sich als Frau in einer von Männern dominierten Kirche durchzusetzen, wo den Frauen noch immer überwiegend die dienende und gehorchende Rolle zugedacht war. Aber Mutter Dengel war eine zähe Tirolerin, sie lernte bald mit den Problemen umzugehen, ohne dabei selbst kaputtzugehen. Die Auseinandersetzungen mit P. Mathis über den Status der Gemeinschaft waren für sie ein harter Lernprozess gewesen. Als es um die Angliederung der „Mary Giri Sisters" ging, konnte sie mit den dabei entstehenden Schwierigkeiten bereits besser umgehen.

Es fing 1937 mit dem Brief des Diözesanpriesters P. Sebastian Pinakatt aus Indien an, der ihr schrieb, er würde sich dafür einsetzen, dass in Travancore (heute: Kerala) die Missionsärztlichen Schwestern ein Spital gründen könnten. Anna Dengel musste absagen, da sie zu diesem Zeitpunkt nicht genügend Schwestern zur Verfügung hatte. Auch Anfragen von einigen Missionsbischöfen hatte sie schon aus diesem Grund bereits ablehnen müssen. Im September 1939 kam dann ein neuer Vorschlag von Pinakatt. Er denke daran, eine eigene syro-malabrische Kongregation nach dem Vorbild der Missionsärztlichen Schwestern aufzubauen, die entweder eigenständig agieren sollte oder an die Missionsärztlichen Schwestern auch angegliedert werden könnte.

Grundsätzlich stand Anna Dengel diesem Vorschlag positiv gegenüber, da „*wir sehr daran interessiert sind, Indiens Töchtern dabei zu helfen, dass diese ihrem eigenen Volk helfen können*". Voraussetzung für die Ausbildung der jungen Frauen und in der Folge die mögliche Eingliederung eines syro-malabrischen Zweiges in die Gemeinschaft wäre für sie aber die Zustimmung des dafür zuständigen Diözesanbischofs und der Kongregation für die Orientalische Kirche (heute: Kongregation für die Orientalischen Kirchen) in Rom.

Die mit Rom unierte syro-malabrische Kirche gehört zu den sechs indischen christlichen Kirchen, die sich auf die Gründung durch den Apostel Thomas berufen, der in Madras (heute: Chennai) den Märtyrertod starb. Ihre Mitglieder werden daher auch „Thomaschristen" genannt. Die Spiritualität und der Ritus der syro-malabrischen Kirche basieren auf ihrer eigenen kulturellen Tradition und nicht auf jener der lateinischen Kirche. Für Anna Dengel war es selbstverständlich, dass bei einer möglichen Eingliederung dies auch akzeptiert werden würde. Sie respektierte die Einzigartigkeit jeder Kultur und wollte auch nicht den Vorwurf des Überstülpens westlicher Sitten provozieren. Der kam aber später dennoch, da sich etliche indische Diözesanpriester, noch geprägt von der Kolonialzeit, gegen eine Angliederung aussprachen, „denn man habe sich doch erst von der europäischen Bevormundung befreit".

Nach der Zusage des Bischofs James Kalacherry der Diözese Changanacherry erfolgte die Ausbildung dieser jungen syro-malabrischen Frauen für die nächsten zehn Jahre durch die Gemeinschaft der Missionsärztlichen Schwestern im „Holy Family Hospital" in Rawalpindi. Die Antwort von den zuständigen Kongregationen in Rom, wie nun weiter entschieden werden sollte, ließ lange auf sich warten. Inzwischen absolvierten jährlich viele junge Frauen die Ausbildung zu Hebammen, Apothekerhelferinnen oder Krankenschwestern. Durch einen großzügigen Spender konnte auf einem kleinen Hügel bei Palai (Bundesstaat Kerala) das erste Haus für diese

Schwestern errichtet werden, wo sie vor einer endgültigen Lösung ihres Status ihr Gemeinschaftsleben aufnehmen konnten. Anlässlich ihres ersten Indienbesuches nach Ende des Kriegs im Jahre 1946 arbeitete Mutter Dengel eine eigene Konstitution für diesen Zusammenschluss aus, die auch die bischöfliche Zustimmung erhielt. Vorerst firmierte diese, nachdem die zuständige Kongregation für die Orientalische Kirche im September 1944 die Zustimmung zur Errichtung eines diözesanen Zweiges gegeben hatte, unter dem Namen „Ärztliche Schwestern des Unbefleckten Herzens Mariens, Königin der Missionen". In der Bevölkerung nannte man sie dagegen nach dem Hügel (Mary Giri = Marias Hügel) auf dem ihr Haus stand, einfach „Mary Giri Sisters".

Doch die Frage „Angliederung oder Eigenständigkeit" war damit noch immer nicht geklärt. Bei den aufbrechenden Konflikten in den kommenden Jahren glaubte Anna Dengel ein Déjà-vu-Erlebnis zu haben – hatte sie das nicht alles schon einmal erlebt? Diesmal hieß ihr Widerpart nicht Mathis, sondern Pinakatt. Wieder ging es darum, wer die Verantwortung für diese Neugründung tragen sollte. Pinakatt sah den Schwerpunkt der Kongregation in einem nach klösterlichen Regeln geführten Leben; sie befürchtete, dass dadurch der Spielraum für die notwendige und von den Schwestern gewünschte medizinische Arbeit fehle. Die Differenzen eskalierten, als Pinakatt junge, interessierte Frauen von einem Eintritt bei den „Mary Giri Sisters" abhalten wollte und ihnen ein anderes klösterliches Angebot machte. Der zuständige Bischof Kalacherry versetzte daraufhin P. Pinakatt und entschuldigte sich bei Mutter Dengel. Trotzdem weiteten sich die Spannungen zwischen Anna Dengel und Sebastian Pinakatt aus.

Wie betroffen die Schwestern selber waren, gibt der Brief einer „Mary Giri Sister" an Mutter Dengel wieder: „Wir wollen nicht unter der Leitung eines Priesters stehen, denn wir haben aus Erfahrung gelernt, dass wir dann unter der Leitung eines medizinischen Outsiders nicht in Frieden mit unserer medizinischen Arbeit fortfahren können ... Die meisten von uns sind mit dem Gedanken eingetreten, Teil der MMS zu werden ..." (Brief vom 16. Oktober 1950). Was nun folgte, war eine wahre Briefflut zwischen allen Beteiligten. Eine Delegation der „Mary Giri Sisters" sprach, da sich die Angelegenheit nun schon Jahre dahinzog, beim inzwischen neuen Diözesanbischof Matthew Kavukatt persönlich vor und ersuchte, bezüglich einer Angliederung an die Gemeinschaft der Missionsärztlichen Schwestern nach Rom schreiben zu dürfen. Er gab ihnen aber nur die Erlaubnis, sich an den Vertreter Roms in Indien, den Internuntius Erzbischof Leo P. Kierkels, zu wenden. Diesen Brief unterschrieben dann alle „Mary Giri Sisters" und begannen nach dessen Absendung mit der Abhaltung einer Novene für einen glücklichen Ausgang.

Mutter Dengel schrieb bezüglich der Angliederung dagegen direkt nach Rom, da sie die Sache, für die viel Zeit und Kraft aufgewendet werden musste, endlich zu einem Ende bringen wollte. Es war ihr bewusst, dass die Verzögerungen vor allem darin lagen, dass die Amtsträger der syro-malabrischen Kirche befürchteten, die Schwestern müssten bei einer An- oder Eingliederung ihren Ritus aufgeben und würden dadurch dem Bischof der lateinischen Kirche unterstehen. „Dann würde es Ärger geben" – sehr deutlich gab dies Bischof Kavukatt in einem Brief zu verstehen. Diplomatischer verhielt sich dagegen der neue Internuntius für Indien, Bischof Martin Lucas. Er wich einer Antwort aus und meinte nur, die Schwestern mögen zum Heiligen Geist beten, was am besten in Gottes Plan passe.

Vielleicht war es dem Wirken von „oben" zuzuschreiben, dass es schließlich doch noch zu einer für alle Beteiligten guten Einigung kam. Im Juli 1953 gaben sowohl die Kongregation für die Verbreitung des Glaubens wie die Kongregation für die Orientalische Kirche ihre Zustimmung zur Eingliederung der „Mary Giri Sisters" in die Gemeinschaft der Missionsärztlichen Schwestern. Seitdem gibt es nun in der Gemeinschaft sowohl Schwestern, die dem lateinischen, als auch jene, die dem syro-malabrischen Ritus angehören. Fast fünfzehn Jahre hatte diese Auseinandersetzung gedauert, in der es letztlich den zuständigen Amtsträgern überwiegend doch nur darum ging, welcher kirchenrechtlichen Jurisdiktion – lateinisch oder syro-malabrisch – die indische Neugründung unterstehen sollte.

Am 28. November 1953 konnten endlich die ersten „Mary Giri Sisters", die bereits eine fünfjährige Profess hinter sich hatten, die ewigen Gelübde im Beisein von Kardinal Eugène Tisserant aus Rom, des Bischofs der Diözese Changanacherry, Matthew Kavukatt und der Generaloberin Mutter Anna Dengel ablegen. Ein Kapitel in der Geschichte der MMS war zu einem guten Ende gekommen, wofür aber die Generaloberin viel Überzeugungsarbeit leisten und vor allem viel Zeit in den dafür notwendigen Schriftverkehr investieren musste.

Für Anna Dengel gab es aber nur ein kurzes Aufatmen, schon taten sich wieder andere Krisenherde auf, die ihr Eingreifen erforderten. *„Je mehr wir unternehmen, desto mehr Unannehmlichkeiten gibt es auch und die regen mich noch viel zu viel auf"*, klagte sie P. Rochus Rimml SJ in einem Brief (14. August 1951), den sie ihm aus Masuri schickte, einem kleinen Ort im Himalayagebiet, wo Missionsärztliche Schwestern das St. Mary's Hospital leiteten. Seit Juli befinde sie sich bereits in Indien, teilte sie ihm mit, weil sie in Pune *„ein Noviziat für indische Mädchen in Schwung setzen"* müsse. Jetzt genieße sie die kühle Luft in diesem Gebirgsort, wo die Landschaft sie an die Tiroler Heimat erinnere.

Zu einem Wiedersehen mit Tirol und ihrer Familie kam es für sie erst vier Jahre nach Kriegsende, im Sommer 1949. Die Reiseschwierigkeiten der Nachkriegszeit, aber auch die Inanspruchnahme durch die vielfältigen Aufbauarbeiten in der Gemeinschaft ließen ein früheres Zusammentreffen nicht zu. Aber dann war es endlich so weit, dass sie wieder Tiroler Luft atmen und die vertraute Mundart ihrer

Anna Dengel mit ihrer Familie in Steeg, 1949

Kindheit hören konnte. Kontakt nahm sie sofort mit P. Rochus Rimml SJ auf, der als Seelsorger im Sommer in seinem Geburtsort St. Leonhard im Pitztal aushalf. Es waren genau 25 Jahre her, dass sie Exerzitien bei ihm gemacht hatte und er ihr den für ihr Leben entscheidenden Rat gab, nicht in ein Kloster einzutreten, sondern durch ihre in der Praxis gemachten Erfahrungen etwas Neues zu wagen. Dass er damit nicht nur eine wichtige Weichenstellung für das Leben dieser jungen Tiroler Missionsärztin vornahm, sondern in der Folge auch für die weltkirchliche Missionstätigkeit, hatte er damals sicher nicht geahnt. Trotz des zeit- und kriegsbedingt etwas eingeschränkten Briefkontaktes, den Anna Dengel bis zu seinem Tod im Jahre 1958 mit ihm führte, war er aber über die Entwicklung der Gemeinschaft doch weitgehend informiert. Ihm vertraute sie auch, zwar meist nur kurz angedeutet, ihre Sorgen an. Zwischen den Zeilen konnte man erahnen, was sie bewegte und wie sie manchmal auch an ihren persönlichen Grenzen angelangt war.

Anfang August 1949 gab es nun endlich ein persönliches Treffen zwischen Anna Dengel, inzwischen Generaloberin einer weltweit vertretenen Kongregation, und dem Jesuiten Rochus Rimml. An Gesprächsstoff wird es nicht gemangelt haben, denn einige Jahre später erinnerte sie ihn an dieses Zusammentreffen. *„Ich hätte gerne wieder einmal eine Aussprache mit Hochwürden, aber meine Chancen heimzukommen, sind derzeit gering* (Brief vom 14. Dezember 1954). Aber damals, in den Augusttagen 1949, war es für Anna Dengel noch möglich gewesen, sich eine längere Auszeit zu gönnen, die sie im Familienhaus in Steeg im Lechtal verbrachte.

In den kommenden Jahren, bis zum 5. Generalkapitel im Jahre 1957, vergrößerten sich weltweit rasant die Tätigkeitsbereiche der Missionsärztlichen Schwestern und Mutter Dengel entwickelte sich dadurch zur Weltreisenden. Teils zu Visitationen, teils um die Grundlagen für die nötige Aufbauarbeit zu schaffen, pendelte sie zwischen Amerika und Europa, Asien, Afrika und Südamerika hin

Die reiselustige Generaloberin und ihre Mitarbeiter

und her. In all diesen Erdteilen bzw. Ländern entstanden Krankenhäuser, Mutter-Kind-Zentren, Entbindungsstationen, Ausbildungsstätten für Hebammen und Krankenschwestern sowie Noviziate für jene jungen Frauen, die sich der Gemeinschaft der Missionsärztlichen Schwestern anschließen wollten. Es war fast nicht zu fassen, was zwischen 1945 und 1955 alles auf die Beine gestellt und wie viel Pionierarbeit von den Schwestern geleistet wurde, vor allem aber, wie vielen Menschen dadurch geholfen werden konnte. Laut Statistik wurden allein im Jahre 1957 600.000 Kranke gepflegt, 17.524 Operationen durchgeführt und ca. 10.000 Frauen haben in Krankenhäusern der Gemeinschaft entbunden.

Das 5. Generalkapitel fand vom 5. bis 30. August 1957 in Philadelphia statt und zum letzten Mal auf amerikanischem Boden. Stolz wies Mutter Dengel vor den Delegierten darauf hin, dass in den zurückliegenden Jahren *„unsere Gemeinschaft zu einem großen Gebäude*

gewachsen ist, das auf einem tiefen Fundament ruht ...Wir haben unsere Erfahrung, unser Herz und unsere Seele eingebracht ... so wurde sie unsere Gemeinschaft.“ Wie zu erwarten, wurde Mutter Dengel wieder für die nächsten zehn Jahre zur Generaloberin gewählt. Sie wusste, dass nun ihre letzte Funktionsperiode begonnen hatte. Sie war jetzt 65 Jahre alt, noch von einer bewundernswerten Vitalität erfüllt, aber trotzdem zeichnete sich der Zeitpunkt bereits ab, wo sie das Zepter in jüngere Hände übergeben musste.

Beschlossen wurden auf diesem Generalkapitel einige für die Gemeinschaft sehr wichtige Punkte, u. a. die notwendig gewordene Errichtung von Pro-Provinzen infolge der Ausweitung der Arbeitsgebiete. Weiters sollte ein Ansuchen an den Heiligen Stuhl um Erteilung des „Decretum laudis“, die päpstliche Anerkennung (kirchenrechtliches Belobigungsdekret für Neugründungen) gerichtet werden und, als wichtigste Entscheidung, wurde die Verlegung des Generalats nach Rom festgelegt.

Anna Dengel setzt den Eckstein für das Spital in Pare, Indonesien, 1954. (linke Seite)

Im Gespräch mit Handwerkern, 1954

In Rom schlägt das Herz der katholischen Kirche und hier laufen auch die Fäden der vielfältigen vatikanischen Zentralstellen zusammen. Für die Generaloberin Anna Dengel war es vermutlich auch eine gewisse Prestigesache, wenn das Generalat der von ihr gegründeten Gemeinschaft in diesem kirchlichen Machtzentrum seinen Sitz bekommen würde. Außerdem waren von Europa aus die Reisen in die diversen Arbeitsgebiete der Gemeinschaft leichter zu bewerkstelligen als vom fernen Amerika. Dass sie dadurch näher bei ihrer Heimat Tirol war, mag für Anna Dengel auch eine Rolle gespielt haben. Obwohl ihr, wie sie an P. Rimml schrieb, der Abschied von Amerika nach 33 Jahren schon sehr schwer fiel, denn *„ich verdanke Amerika viel. Wir haben viele und gute Schwestern von dort und auch gute Wohltäter, die es uns möglich gemacht haben unsere Kongregation aufzubauen …"* aber, meinte sie, *„Rom hat natürlich seine besonderen Vorteile"* (Brief vom 16. November 1957).

Seit dem 28. Oktober 1958 wehte in Rom ein anderer Wind, an diesem Tag wurde der Patriarch von Venedig, Angelo Giuseppe Roncalli, zum neuen Papst gewählt. Der väterliche, rundliche und stets freundlich lächelnde Johannes XXIII. war schon äußerlich ein vollkommen anderer Typ als sein Vorgänger, der asketisch wirkende Pius XII. Roncalli ging auf die Menschen zu, war auch zu manchem Scherz bereit, aber vor allem wusste er, dass sich die Kirche öffnen und den Fragen der Zeit stellen musste. Wenige Monate nach seinem Amtsantritt am 25. Jänner 1959 kündigte er die Einberufung eines allgemeinen Konzils an. Trotz kritischer Stimmen aus Kreisen, die den Status quo in der Kirche bewahren wollten, wurde die geplante Abhaltung eines ökumenischen Konzils mehrheitlich als das größte Ereignis der Kirche in ihrer 2000-jährigen Geschichte bezeichnet. Dass der Geist des Zweiten Vatikanums auch für schwerwiegende Turbulenzen innerhalb der von ihr gegründeten Gemeinschaft sorgen wird, konnte Anna Dengel damals noch nicht wissen.

Ende Jänner 1958 begab sich Mutter Dengel nach Rom, um ein geeignetes Haus für das Generalat zu finden. Sie hatte Glück, die „Felician Franciscan Sisters", eine in Polen gegründete Ordensgemeinschaft, verkaufte ihr am Monte Sacro gelegenes Haus. Die Adresse Piazza Cimone 3 war zwar etwas weit weg vom Zentrum, aber die Villa bot mit zwanzig Zimmern doch genügend Platz. Am 30. September 1958 wurde der neue Sitz des Generalats der Gemeinschaft der Missionsärztlichen Schwestern mit einer heiligen Messe in der Hauskapelle offiziell eröffnet.

Nur wenige Monate später wird die Gemeinschaft *„endlich päpstlich"*, wie es Mutter Dengel gegenüber P. Rimml formulierte. Am 11. Juni 1959 unterzeichnete Papst Johannes XXIII. das „Decretum laudis", womit die Gemeinschaft zu einem Institut päpstlichen Rechts erklärt wurde. Das bedeutete konkret, dass mit diesem „päpstlichen Belobigungsdekret" die Missionsärztlichen Schwestern nun nicht mehr an einen Diözesanbischof weisungsgebunden wa-

Audienz bei Papst Pius XII., 1957

ren. Zuständig für die Ordensmitglieder und die Wirtschaftsführung war jetzt allein die Kongregation für die Glaubensverbreitung, der die Generaloberin jährlich Bericht erstatten musste. Zum Kardinalprotektor wurde ein langjähriger Freund der Gemeinschaft, Kardinal Amleto Cicognani ernannt. Das Ereignis wurde in Anwesenheit vieler Gäste feierlich in den neuen Räumen des Generalats am Monte Sacro gefeiert.

Anna Dengel war jetzt am Ziel angelangt, der Weg dorthin war weit und oft sehr steinig gewesen. Aber dem unbeirrbaren Willen und ungebrochenen Mut von Anna Dengel war es zu verdanken, dass ihre Gründung, die einen neuen Tätigkeitsbereich für Ordensfrauen eröffnete, nun einen festen Platz innerhalb der kirchlichen Ordensgemeinschaften einnehmen konnte. Das alles war der Pionierleistung einer Frau zu verdanken, die sich durch nichts von ihren Vorstellungen abbringen ließ. Vermutlich war es das Durchhaltevermögen ihrer Tiroler Vorfahren, dass sie den langwierigen Marsch durch die kirchlichen Instanzen durchstehen konnte.

Unbelastet konnte sich Mutter Dengel nicht lange über diesen Erfolg freuen. Was ihr jetzt zu schaffen machte, war die beim letzten Generalkapitel infolge der enormen Ausweitung der Arbeitsgebiete beschlossene Teilung in drei Pro-Provinzen: Amerika, Niederlande und Malabar. Zusammengefasst wurden in der amerikanischen Pro-Provinz die Niederlassungen in den USA, Ghana, Indien, Pakistan, Uganda, Südvietnam, Venezuela, Jordanien, Kenia. In der niederländischen Pro-Provinz die Gebiete Kongo, Indonesien, Malawi und die südafrikanische Union. Die Pro-Provinz Malabar umfasste das Tätigkeitsgebiet der syro-malabrischen Schwestern in Südindien. Dies war der erste Schritt zu der dringend notwendig werdenden Dezentralisierung. Das bedeutete für Mutter Dengel, als Generaloberin nicht mehr die Fäden allein in der Hand zu haben, sondern auch etwas Macht abzugeben. Es war ein Ding der Unmöglichkeit, dass sie genau über die jeweilige Situation in den verschiedenen Einsatzbereichen Bescheid wusste und Entscheidungen mussten sehr oft vor Ort rasch getroffen werden. „*Wir sind zu weit auseinander*", schreibt sie P. Rimml, dem sie ihre Befürchtungen anvertraut: „*Mit der Zeit werde ich schon lernen, was zu meinem Amt gehört und was nicht. Mit dem Wachsen der Gemeinschaft überkommt mich manchmal ein Gefühl der Hilflosigkeit besonders betreffs des religiösen Geistes – ich meine auch, betreffs der Pflicht der Aufrechterhaltung von der Leitung her …*" (Brief vom 1. April 1958). Unter dem nunmehrigen Namen „Medical Mission Sisters" (MMS) war die Gemeinschaft der Missionsärztlichen Schwestern bereits weltweit ein Begriff geworden und Anna Dengel konnte stolz darauf sein. Aber jeder Erfolg hat auch seinen Preis und in ihrem Fall bedeutete dies Machtabgabe.

Obwohl die Missionsärztlichen Schwestern in den 60er-Jahren des 20. Jahrhunderts in vielen Ländern auf fünf Kontinenten vertre-

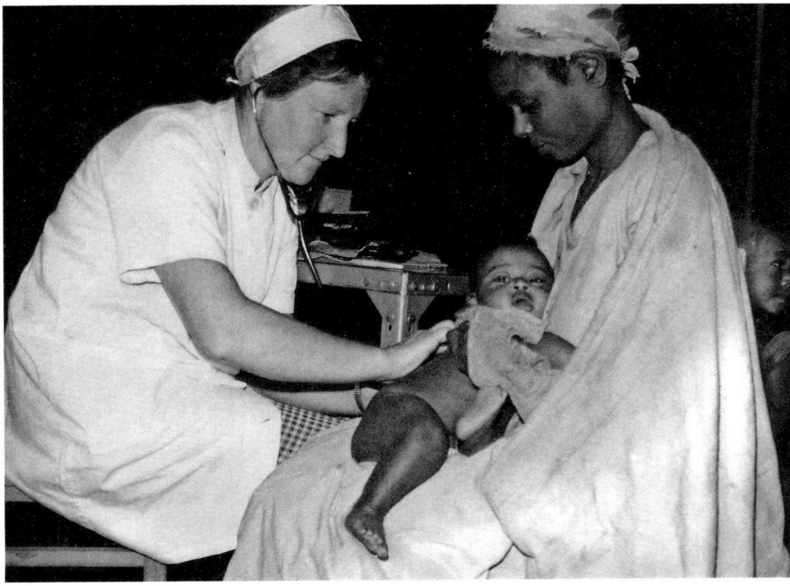

Sr. Erna Stocker-Waldhuber, hier in Äthiopien im Jahre 1972

ten waren, kam es zum Leidwesen von Mutter Dengel zu keiner Niederlassung in Österreich. Derzeit gibt es nur eine Missionsärztliche Schwester aus Österreich, nämlich Erna Stocker-Waldhuber aus Osttirol. In Deutschland dagegen gründeten bereits 1958 fünf Schwestern aus den Niederlanden eine erste Niederlassung. Nach drei kurzfristigen Stationen wurde das Missionshaus St. Kosmas und Damian in Essen-Steele-Horst für 30 Jahre ein wichtiger Stützpunkt.

Die letzte Gründung noch unter der Leitung von Mutter Dengel war ein Krankenhaus in Äthiopien. Der Erzbischof von Addis Abeba, Asrate Mariam Yemmeru, nahm anlässlich seiner Teilnahme am Zweiten Vatikanischen Konzil auf Empfehlung von Jesuitenpatres mit der Generaloberin der MMS Kontakt auf. Er dachte an die Errichtung eines Gesundheitszentrums in Attat, ungefähr 180 km von

Addis Abeba entfernt. In Begleitung einer Schwester begab sich die nun 73-jährige Mutter Dengel 1965 auf die beschwerliche Reise. Als sie die Not der Bevölkerung und deren ärztliche Unterversorgung sah, gab sie dem Erzbischof ihre Zusage zur Übernahme der notwendigen Aufbauarbeit durch die MMS. Diese Entscheidung stieß in der Gemeinschaft nicht auf allgemeine Zustimmung. Ein neues Arbeitsfeld würde wieder Schwestern von anderen Stationen abziehen, wo sowieso schon Mangel an ausgebildetem Personal herrschte. Obwohl der Gemeinschaft zu diesem Zeitpunkt fast 700 Schwestern angehörten, hätte man noch viel mehr gebraucht, um allen Anforderungen gerecht zu werden. Trotzdem wurde mit dem Um- und Zubau in Attat begonnen und die ersten Schwestern, unter ihnen die Österreicherin Erna Stocker-Waldhuber, begannen mit ihrer Arbeit.

Mit dem neuen Arbeitsgebiet Attat wurde von den Missionsärztlichen Schwestern erstmals eine neue Zielrichtung verfolgt. Es wurde nicht nur medizinische Soforthilfe angeboten, sondern verstärkt auch auf Vorsorge gesetzt – „Prävention ist besser als Heilung". Nach dem Reformkapitel 1967 wurde dies zur Richtschnur auch in allen anderen Missionsstationen der MMS. In Attat begann man, zusätzlich zur medizinischen Betreuung im Krankenhaus, in den umliegenden Dörfern kleine Gesundheitszentren einzurichten. Hier wurden Impfaktionen angeboten, aber auch über Hygienemaßnahmen, richtige Ernährung und Gesundheitsvorsorge aufgeklärt. Einheimische Frauen wurden zu Hebammen und Gesundheitshelferinnen ausgebildet. Außerdem wurden Frauengruppen gegründet, die dann als Multiplikatorinnen die gesundheitliche Vorsorge in den Familien umsetzen sollten. So konnte schrittweise die Bevölkerung in das notwendige Gesundheitsprogramm eingebunden und zur Eigenverantwortung motiviert werden.

Der äthiopische Erzbischof Yemmeru war glücklich über diese positive Entwicklung in seiner Diözese. In einem Interview bezeichnete er Anna Dengel als *„eine Heilige"*. Aber auch große Persönlichkeiten haben ihre kleinen Schwächen – Anna Dengel liebte zum Beispiel Prachtbauten. Eigentlich passte dies so gar nicht zu der sonst bescheidenen Frau. Aber am Ende ihrer Amtszeit wollte sie sich einen Traum erfüllen – ein neues Generalat nach ihren Vorstellungen erbauen. Auf der Via Aurelia km 8287 entstand dieses Gebäude, das genau zum 42. Gründungstag der Gemeinschaft der Missionsärztlichen Schwestern am 30. September 1967 durch Kardinal Amleto Cicognani und in Anwesenheit vieler Gäste aus dem In- und Ausland feierlich eröffnet wurde. Österreich war seitens der Botschaft beim Heiligen Stuhl und durch Professor Hans-Peter Rhomberg von der österreichischen Ärzteschaft vertreten.

Trotz der Begeisterung der Besucher werden sich einige doch gefragt haben: Warum dieser Prachtbau? Was will die Generaloberin damit bezwecken? Man kann vieles hineininterpretieren, aber vielleicht war es einfach nur die kindliche Freude einer Frau, die hart für die Umsetzung ihrer Idee kämpfen musste und damit nur sagen wollte: Seht, ich habe es trotz aller Schwierigkeiten geschafft.

Noch vor der feierlichen Eröffnung des Generalats schickt Mutter Dengel einen Rundbrief an die Schwestern: „*Wir sind am Ende einer Ära angelangt. Mit freudigem und gutem Mut lasst uns nun eine neue Ära beginnen.*" Ob sie trotz dieser optimistischen Worte schon ahnte, dass ihr die neu anbrechende Zeit aber auch viele dunkle Tage bescheren würde? Die Vorzeichen waren bereits erkennbar.

10. Kapitel

Zeit des großen Abschiednehmens

Zum Zerreißen gespannt war die Atmosphäre am Eröffnungstag des 6. Generalkapitels der Gemeinschaft am 11. Oktober 1967 in Rom. Die aus allen Erdteilen angereisten Schwestern wussten, dass in der bis 10. November dauernden Versammlung nicht nur eine neue Generaloberin gewählt werden musste, sondern auch eine entscheidende Weichenstellung für die Zukunft der Gemeinschaft erfolgen sollte. Für die 75-jährige Gründerin Anna Dengel, die 41 Jahre das Amt der Generaloberin innehatte, war die Zeit des Abschiednehmens gekommen.

Es war ein sehr emotionaler Moment, als Mutter Dengel zu Beginn ihren Tätigkeitsbericht abgab und ein Resümee über die zurückliegenden Jahre zog. Viele hatten Tränen in den Augen, als sie sich bei den Schwestern für das entgegengebrachte Vertrauen und die Loyalität bedankte, sie aber auch um Verzeihung bat für so manches Versagen. Jede der anwesenden Schwestern wusste, dass jetzt eine Ära zu Ende ging, die geprägt war vom Pioniergeist der Gründerin Anna Dengel, welche, die Zügel fest in der Hand haltend, die Richtung in den zurückliegenden vier Jahrzehnten vorgab. Eine Machtposition, von der sie sich nur ungern, wie es die nächsten Jahre zeigten, zurückzog.

Zur neuen Generaloberin wurde die erst 40-jährige Jane Gates gewählt, die aus Hamburg im Bundesstaat New York stammte. Sie war Absolventin des „Trinity College“ in Washington, D. C. und hatte an der Georgetown University zum Doktor der gesamten Heilkunde promoviert. Eingetreten in die Gemeinschaft der Missionsärztlichen Schwestern war sie bereits mit 18 Jahren, im Jahre 1945. Als junge Ärztin war sie in leitender Position am „Holy Family Hospital“ in Berekum (Ghana) und in Fort Portal (Uganda) tätig gewesen. Erstmals erfolgte auch offiziell die Wahl einer Stellvertreterin. Als Generalassistentin stand die Niederländerin Sr. Anna Maria de Vreede der Generaloberin zur Seite.

Als Dank für ihren bedingungslosen Einsatz sollte die emeritierte Generaloberin Anna Dengel vom Heiligen Stuhl mit dem päpstlichen Orden „Pro Ecclesia et Pontifice“ ausgezeichnet werden. Zum Abschluss des Generalkapitels erschien auch Kardinal Amleto Cicognani höchstpersönlich, um ihr diese Auszeichnung zu überreichen. Nur – der Sekretär des Kardinals hatte vergessen, die Medaille mitzunehmen. Anna Dengel trug es mit Humor und meinte, das „Decretum laudis“, die päpstliche Anerkennung der Gemeinschaft bedeute für sie sowieso die höchste Auszeichnung.

Die Beratungen des Generalkapitels im Jahre 1967 waren vom Geist des erst vor zwei Jahren zu Ende gegangenen Zweiten Vatikanischen Konzils geprägt, aber auch von der sich in Lateinamerika entwickelnden Theologie der Befreiung. Die Kirche begann sich von der missionarischen Zwangsbeglückung genauso zu verabschieden, wie es die Politik des Westens vom bisherigen Kolonialdenken bereits tun musste. Das bedeutete für die in der Mission tätigen Priester und Ordensleute eine Neuorientierung ihrer Aufgabenbereiche, da es in Zukunft verstärkt um die Förderung der Eigenständigkeit der einheimischen Bevölkerung gehen sollte. Das Motto „Hilfe zur Selbsthilfe“ wurde zum Schwerpunkt der Arbeit. Auch für die Gemeinschaft der Missionsärztlichen Schwestern bedeutete dies, eine Standortbestimmung vorzunehmen und den Begriff „Heilen“ neu zu definieren. Es durfte jetzt nicht mehr nur um die ärztliche Versorgung und die Pflege der Kranken allein gehen, sondern verstärkt auch um eine umfassende Vorsorgemedizin, um die Erstellung von Gesundheits-und Ernährungsprogrammen sowie um die Erziehung der Menschen zu mehr sozialer Eigenverantwortung. Um dies alles umsetzen zu können, würde auch eine verstärkte Zusammenarbeit mit den jeweiligen Regierungen des Landes, mit kirchlichen Gruppierungen und Institutionen notwendig werden.

Als Grundlage für die geforderte Neuorientierung wurde bei diesem Reformkapitel daher eine Überarbeitung der bestehenden Statuten geplant. Ein wichtiger Schritt zur Dezentralisierung und der dadurch möglichen Entscheidungen vor Ort wurde durch die beschlossene Neueinteilung der Arbeitsgebiete gesetzt. Die Einteilung erfolgte in sechs Sektoren: Asien, Ostasien, Afrika, Europa, Lateinamerika und Nordamerika, die jeweils wieder in Distrikte unterteilt wurden. Für jeden Sektor wurde als Verantwortliche eine Schwester bestellt, die mit dem Zentralen Verwaltungsrat („The Coordinating Assembly") zusammenarbeitete, dessen Aufgabe es war, sowohl für die Umsetzung der Beschlüsse des Generalkapitels zu sorgen, als auch Anträge an dieses weiterzuleiten. Beschlossen wurde auch aus finanziellen Gründen von der Gründung weiterer „Holy Family Spitäler" abzusehen. Das sich zu einem Musterspital entwickelnde Krankenhaus in Attat würde daher das letzte von bisher 23 Gründungen sein. Verstärkt sollte aber in das Ausbauprogramm der bestehenden Gesundheitszentren investiert werden. Für Mutter Dengel waren diese Veränderungen schwer nachvollziehbar. Das Motto ihrer Arbeit war gewesen: *„Ich weiß, was die Leute brauchen."* Dass infolge der sich weltweit ausdehnenden Arbeitsgebiete die Gemeinschaft nicht mehr zentral durch eine Person geleitet werden konnte und die Forderung nach Demokratisierung auch in den Ordensgemeinschaften gestellt wurde, war für sie schwer zu verkraften. Ihre große Sorge war, dass dadurch der Gründungsgedanke und die Spiritualität der Gemeinschaft unter die Räder kommen könnten.

Etwas fassungslos nahm sie auch den Beschluss zur Kenntnis, dass die Mitglieder der MMS die Möglichkeit bekamen, Zivilkleidung zu tragen. Ihre Entrüstung war nicht ganz nachvollziehbar, da gerade sie es gewesen war, die sich in den Anfangsjahren gegen das Tragen von Habit und Schleier, weil dies bei der Arbeit hinderlich sein könnte, ausgesprochen hatte. Sie schien sich aber in den zurückliegenden Jahren dann so daran gewöhnt zu haben, dass sie bis zu ihrem Tod den Habit trug.

Tief getroffen wurde Anna Dengel aber von der Entscheidung der Generalleitung, das neuerbaute Generalat an der Via Aurelia zu verkaufen. Im Sinne der geplanten Neuorientierung wurde dieser Prunkbau als zu groß und zu teuer angesehen. Für Anna Dengel war es dagegen das sichtbare Zeichen, endlich im Zentrum der Kirche angekommen zu sein. Da die Gemeinschaft seit 1959 eine Kongregation päpstlichen Rechts war, hatten die kirchlichen Stellen ein Mitspracherecht in wirtschaftlichen und besitzrechtlichen Belangen. Als die neue Generaloberin Jane Gates ein günstiges Verkaufsangebot annehmen wollte, legte sich die nunmehrige Kongregation für die Evangelisierung der Völker (bis 1967 hieß sie „… für die Verbreitung des Glaubens") quer. Eine Zustimmung könne erst gegeben werden, wenn die neuen Statuten abgesegnet seien, war der kurze Bescheid. Erfahrungsgemäß würde dies aber Jahre dauern. Jane Gates klärte den zuständigen Präfekten der Kongregation, Kardinal Krikor Bedros Agagianian aber auf, dass dies erhebliche Kosten verursachen würde und ob er bzw. die Kongregation sich verpflichte, die finanzielle Verantwortung dafür zu übernehmen. Die Zustimmung zum Verkauf erfolgte daraufhin prompt.

Ein Jahr nach der Eröffnung wurde das Gebäude des Generalats samt Studienhaus an die weltweite Gemeinschaft der „Sisters of the Good Shepherd" verkauft. Die neue Adresse der MMS-Generalleitung war jetzt die nahe gelegene Via di Villa Troili 32, wo die Generalleitung bei den ICM Schwestern („Sisters of the Immaculate Heart of Mary“) Quartier nahm und auch Anna Dengel mit ihrer Sekretärin Sr. Monica Neuhaus eine Wohnung bezog. In Sichtweite hatte sie aber täglich das Gebäude, von dem sie geglaubt hatte, dass es einmal ein spirituelles Zentrum über die Gemeinschaft hinaus werden würde.

Schwer nachvollziehen konnte aber nicht nur Mutter Dengel die geplanten Veränderungen, sondern auch viele andere Schwestern. Sie waren teilweise verunsichert, weil sie an über Jahre vorgegebene Strukturen gewöhnt waren, einige verließen aus diesem Grund sogar die Gemeinschaft. Der Großteil versuchte aber, die notwendige Neuorientierung für sich persönlich und ihr Aufgabengebiet in den Griff zu bekommen. Es war ein langer, aber letztlich erfolgreicher Prozess. Lang deshalb, weil sich die Kongregation für die Verbreitung des Glaubens einzumischen begann. Einige Schwestern hatten ihr Unverständnis gegenüber den geplanten Änderungen in Briefen an kirchliche Amtsträger ausgedrückt. Auch Anna Dengel blieb diesbezüglich nicht ganz untätig.

Die vorgebrachten Bedenken fanden bei den kirchlichen Amtsträgern offene Ohren, denn einiges erregte auch ihr Missfallen. Begriffe wie Eigenverantwortung, Subsidiarität sowie Dezentralisierung waren Fremdworte im immer noch herrschenden hierarchischen Konzept der Kirche. Der Geist des Konzils war noch nicht in alle vatikanischen Zentralstellen durchgedrungen. Auch die geplanten Überarbeitungen der Statuten wurden für eine kirchliche Frauengemeinschaft als zu emanzipiert angesehen. Die für die MMS zuständige Kongregation für die Evangelisierung der Völker beschloss daher, die vom Generalkapitel vorgesehenen Maßnahmen kirchenrechtlich prüfen zu lassen und eine Visitation der Gemeinschaft vorzunehmen. Angeblich auch auf Wunsch einiger Schwestern.

Zuerst wurde im Geheimen ein gewisser P. Reuter eingeschleust, der sich auf diesem Weg aber bald wieder empfahl. Dann wurde offiziell P. Charles Schleck vom „Orden vom Heiligen Kreuz" als Visitator vorgestellt, der mit umfassenden Vollmachten von seinen kirchlichen Auftraggebern ausgestattet wurde. Er sollte überall Einsicht bekommen, bei jeder Besprechung dabei sein und, wenn möglich, mit jeder Schwester ein Gespräch führen.

Am 24. Juli 1972 schreibt die Generaloberin Jane Gates in einem Rundbrief an die Schwestern: „Die Geschichte wiederholt sich. Die hierarchische Kirche konnte nicht verstehen, was Anna Dengel im Jahre 1925 mit dieser Gründung plante. Das vorhandene reichhaltige Archivmaterial bestätigt das. Sie versteht aber auch heute nicht, was wir jetzt versuchen wollen. Aber heute sind wir 700. Wofür wir uns engagieren, kann P. Schleck aus unseren Antworten ersehen."

Da sich eine persönliche Befragung der bereits 700 Schwestern als undurchführbar zeigte, wurden Fragebogen ausgeschickt, in welchen die Schwestern nach ihrem Leben in der Gemeinschaft, ihren persönlichen Vorstellungen und Zweifeln befragt wurden. Die Belastung für die Gemeinschaft, zusätzlich zu den täglichen Arbeitsanforderungen, war dadurch enorm. Außerdem dauerte das Hin und Her zwischen der Kongregation, Anna Dengel und der neuen Leitung der Gemeinschaft nun schon Jahre. Aber manchmal passiert doch ein Wunder – am 14. September 1973 wurden die Generaloberin Jane Gates und ihre Generalassistentin Anna Maria de Vreede überraschend zum neuen Präfekten der Kongregation für die Evangelisierung der Völker (Congregatio de Propaganda Fide), Kardinal Agnelo Rossi gerufen. Er empfing sie mit den Worten *„Siamo contenti"* („Wir sind zufrieden") und händigte ihnen den Visitationsbericht aus. Seitens der Kirche wurden alle geplanten Änderungen positiv abgesegnet, da man zur Überzeugung gekommen war, dass die Gemeinschaft ihre neue Zielrichtung im Sinn des Zweiten Vatikanums vornehmen wollte. Ebenso wurde das künftig innerhalb der Gemeinschaft geforderte Prinzip der Subsidiarität und der notwendigen Dezentralisierung gutgeheißen. Auch das Tragen der Zivilkleidung, die aber einer Ordensfrau angepasst sein musste, wurde akzeptiert.

Ein Stein der Erleichterung fiel vom Herzen der Schwestern. Jetzt hieß es, alle am Generalkapitel formulierten Beschlüsse, die der Zustimmung durch die zuständige Kongregation bedurft hatten, in die Praxis umzusetzen. Verärgert über die Entwicklung war nur Anna Dengel – sie fühlte sich jetzt nicht nur von ihrer Gemeinschaft verraten, sondern auch von den vatikanischen Stellen im Stich gelassen. Das Wohnen der beiden Generaloberinnen, der ehemaligen und der amtierenden, unter einem Dach – wenn auch mit jeweils eigenem Wohnungseingang – erwies sich auch nicht als besonders günstig; besonders dann, wenn Gäste erwartet wurden. Anna Dengel behauptete, keine Informationen zu erhalten, dagegen erklärte Jane Gates, sie stets über alles zu informieren. Es war eine schwierige Situation für beide Frauen. Die eine hatte die endgültige Abgabe ihrer einstigen Machtposition noch nicht verkraftet und sah vieles noch aus der Sicht der Gründungsphase, die andere musste aber schon wichtige Weichenstellungen für die künftig geforderte Arbeitsweise der Gemeinschaft vornehmen. Außerdem wuchs eine neue Generation von Schwestern heran, gut ausgebildet und selbstbewusst, großteils bereits aus den Ländern des Südens kommend. Innerhalb der Gemeinschaft musste daher auch ein gemeinsamer Weg trotz der verschiedenen kulturellen Herkunft gefunden werden.

Anna Dengel tat in dieser Situation für alle Beteiligten das Beste, sie ging viel auf Reisen und nahm die Einladungen zu Vorträgen an, wo immer sich diese boten. International war sie eine angesehene Persönlichkeit, ihr Name war eng verbunden mit den Bereichen Mission – Medizin – Kirche. Als erste Frau wurde sie 1959 zum Ehrenmitglied der Internationalen Chirurgenvereinigung mit Sitz in Chicago gewählt. Das Ehrendoktorat verliehen ihr die Marquette University in Milwaukee (1955), das Manhattanville College in New

Das „Große goldene Ehrenzeichen der Republik Österreich" für Anna Dengel, 1967

York (1957) und die katholische Universität Nijmwegen (1960) in Holland.

Am meisten freute sie sich aber über Ehrungen, die ihr in Österreich, besonders aus ihrer Heimat Tirol, zuteilwurden. Auch wenn es nie gelang, dass die Gemeinschaft der Missionsärztlichen Schwestern auch in Österreich Fuß fassen konnte, war man doch auf das internationale Ansehen dieser „großen Tochter Tirols" sehr stolz. „Edmunds Anna", wie sie die Außerferner nannten, wurde Ehrenbürgerin ihrer Heimatgemeinde Steeg, erhielt das Ehrenzeichen der Stadt Hall und den selten vergebenen Ehrenring des Landes Tirol. Seitens des Staates wurde sie mit dem „Großen goldenen Ehrenzeichen der Republik Österreich" für ihre Verdienste ausgezeichnet.

Die Jahre vergingen wie im Flug. Sehr oft besuchte Anna Dengel jetzt auch ihre Tiroler Heimat, hielt dort Vorträge, auch Seminare

und knüpfte wieder verstärkt den Kontakt zu ihrer Familie. Sie suchte ihre Wurzeln und fand zu diesen zurück. Vielleicht war der entstandene Abstand zur Leitung in Rom auch dafür ausschlaggebend, dass sie langsam eine andere Sichtweise zu den Veränderungen in „ihrer" Gemeinschaft bekam. Es entsprach ihrer wahren Größe, dass sie sich letztlich zur Einsicht durchringen konnte: *„Eigentlich haben sie doch recht."* Sie sah ein, dass es in einer sich verändernden Welt auch einer geänderten Zielrichtung bedurfte, denn die Arbeitsweise der Gründungsphase entsprach nicht mehr den Anforderungen des Heute. Außerdem begann sich bereits die dritte Schwesterngeneration auf den Weg zu machen. Vielleicht erinnerte sie sich auch daran, dass sie selbst einmal meinte: *„Wir müssen uns dem Bedarf anpassen. Der Bedarf wird sich nicht uns anpassen. Wir dürfen uns niemals scheuen, uns zu ändern, wenn es nötig ist."* Es war für Mutter Anna Dengel ein langer und schmerzvoller Prozess gewesen, bis sie dies auch für sich akzeptieren konnte.

Die Zeit der Ehrungen: Landeshauptmann Eduard Wallnöfer verleiht 1967 den Ehrenring des Landes Tirol. (linke Seite)

Auch in Hall ist man stolz auf die berühmte Einwohnerin.

Die Beratungen am 7. Generalkapitel konnten im Oktober 1973 in Rom nun in zwar gelöster Stimmung, aber in etwas kühlem Umfeld begonnen werden. Infolge des gerade zum selben Zeitpunkt ausgebrochenen Jom-Kippur-Krieges zwischen Israel und Ägypten bzw. Syrien kam es seitens der OPEC-Staaten auch zu einem Lieferboykott nach Westeuropa. In Rom war Öl knapp geworden und die Heizungen wurden daher abgedreht. Bitterlich froren vor allem die anwesenden Schwestern aus Asien, die andere Temperaturen gewohnt waren.

Dem festen Willen, endlich positiver in die Zukunft sehen zu können, tat dies keinen Abbruch. Die Grundlagen dafür waren ja jetzt gegeben, die Bedenken der Kongregation für die Glaubensverbreitung gegen einige Änderungen in den Statuten waren durch die erfolgte Visitation ausgeräumt. Die Gemeinschaft selbst hatte sich in Vorbereitung auf das Generalkapitel bereits in einem im August 1972 veranstalteten Meeting in Südindien, und zwar in Ithithanam

Anna Dengel mit Generaloberin Godelieve Provó

(Provinz Kerala), intensiv mit der Zukunft der Gemeinschaft auseinandergesetzt. Nachdem der Meinungsbildungsprozess damit abgeschlossen war, konnten sich jetzt die Schwestern mit den Ergebnissen identifizieren. Für alle stand zum Schluss fest: „Die Gemeinschaft wird überleben, die Gemeinschaft ist gerettet."

An diesem Generalkapitel nahm Anna Dengel sogar tageweise teil und hielt auch einen Vortrag über ihre damalige Motivation, eine religiöse Gemeinschaft zu gründen, was von Anfang an trotz aller Umwege ihr Ziel gewesen war. Im Zeichen des nun wieder versöhnten Miteinanders wählte sie das Generalkapitel zum Mitglied „ex officio" (von Amts wegen) auf Lebensdauer. Gewählt wurde auch eine neue Generaloberin, denn Jane Gates hatte die Gemeinschaft zwar ruhig und besonnen durch die zurückliegenden stürmischen Zeiten gesteuert, wollte aber anscheinend dieses Amt nicht mehr ausüben.

Anna Dengel beim 50-Jahr-Jubiläum der Gemeinschaft in Rom, 1975

In Anbetracht dessen, was sich in den letzten Jahren abgespielt hatte, war dies auch verständlich.

Gewählt wurde nun zur neuen Generaloberin die Belgierin Godelieve Prové, die Medizin an der Universität von Löwen studiert hatte und 1956 mit 26 Jahren in die Gemeinschaft der Missionsärztlichen Schwestern eingetreten war. Sie war als Ärztin im Phalombe Hospital in Malawi (Südostafrika) tätig gewesen und wurde 1967 zur Oberin der Ostasien-Provinz (Indonesien, Philippinen, Vietnam, Pakistan) bestellt. Die jetzt 43-jährige Generaloberin übernahm eine Gemeinschaft, deren Mitglieder ihre Ziele nach langen Beratungen nun genau definiert hatten und die innerlich gefestigt, sich im Sinne eines erweiterten Missionsverständnisses dort einsetzen wollten, wo immer sie gebraucht würden.

Ein Aufatmen ging durch die Gemeinschaft, alle Verwicklungen und Spannungen hatten sich gelöst und auch mit der Gründermutter gab es wieder ein gutes Verhältnis. Dass sie die veränderten Gegebenheiten nun akzeptierte, bewies der Rat, den sie zum Abschluss des Generalkapitels allen mitgab: *„Die Zukunft gehört euch – ihr seid euch der Nöte eurer Zeit bewusst, so wie ich es damals in meiner Zeit war."*

Mit der neuen Generaloberin verstand sich Anna Dengel bestens, was für beide Seiten nur von Vorteil war. Die Jüngere konnte sich aussprechen und die Ältere konnte doch noch den einen oder anderen Rat geben. Für die jetzt bereits 81-Jährige wurde der Alltag schon immer beschwerlicher. Die Jahrzehnte des exzessiven Kräfteverschleißes zeigten ihre Folgen. Im September 1975 konnte sie aber noch die Feierlichkeiten aus Anlass des Goldenen Jubiläums der Gemeinschaft der Missionsärztlichen Schwestern genießen. Daran nahmen nicht nur viele Gäste aus dem In- und Ausland, Vertreterinnen der Schwestern aus allen Erdteilen, sondern als Ehrengäste auch die Gründungsschwestern Agnes Marie Ulbrich und Maria Laetitia Flieger teil. Eine geplante Privataudienz bei Papst Paul VI. war leider nicht möglich, da gerade die 3. ordentliche Generalversammlung der Bischofssynode zu diesem Zeitpunkt eröffnet wurde. Wobei das Thema der Generalversammlung „Die Evangelisierung in der Welt von heute" auch die Arbeit der Gemeinschaft der Missionsärztlichen Schwestern betroffen hätte. An der wöchentlichen Generalaudienz konnte Mutter Anna Dengel aber gemeinsam mit dreizehn Schwestern auf Ehrenplätzen in der ersten Reihe teilnehmen. Ein Ausflug nach Assisi und ein Tiroler Abend, der an die Heimat der Gründerin erinnern sollte, rundete die mehrere Tage dauernde Jubiläumsfeier ab.

Auf Veranlassung der Schwestern in den USA entstand auch ein sehr persönliches und berührendes Video, in dem Anna Dengel auf die einfühlsamen Fragen von Godelieve Prové aus ihrem Leben und über ihre Arbeit erzählte. Zu diesem Zeitpunkt zeigte es sich aber schon, dass alle Ereignisse rund um das Jubiläum sie zwar unendlich freuten, aber an ihren Kräften zehrten. Sie war müde geworden.

Am 19. März 1976 reduzierte sich das Leben der Hochbetagten durch einen erlittenen Schlaganfall radikal. Die nächsten vier Jahre war sie ans Bett gefesselt, wurde aber liebevoll von Sr. Monica umsorgt, die sich mit anderen Schwestern die Pflege teilte. An Außenkontakten fehlte es ihr trotzdem nicht, denn die Besucher gaben sich zeitweise die Türklinke in die Hand. Am meisten freute sie sich natürlich, wenn Freunde und Bekannte aus ihrer Heimat Tirol kamen. Es tat ihr gut zu wissen, dass man „Edmunds Anna" dort nicht vergessen hatte.

Eines Tages tauchte am Krankenlager eine Nonne auf, mit der Anna Dengel zwar in losem Briefkontakt stand, aber persönlich noch nie zusammengetroffen war – Mutter Teresa von Kalkutta. Als Agnes Bojaxhiu in Albanien geboren, gehörte diese viele Jahre dem Orden „Sisters of the Blessed Virgin Mary" (Loretto-Schwestern) an. Nach einigen Jahren als Lehrerin an der ordenseigenen Schule in Kalkutta fühlte sie eine andere Berufung in sich und verließ die Gemeinschaft. Bevor sie sich den Kranken und Sterbenden in den Slums von Kalkutta widmete, absolvierte sie eine Kurzausbildung in Krankenpflege an dem von der Gemeinschaft der Missionsärztlichen Schwestern gegründeten „Holy Family Hospital" in Patna. Dort wurde sie erstmals mit den Zielen der MMS-Gründung von Anna Dengel konfrontiert, die aber von der von ihr gegründeten Gemeinschaft der „Missionarinnen der Nächstenliebe" etwas abwichen. Die bodenständige Tirolerin sah ihre Aufgabe darin, durch die von ihr gebotene medizinische Versorgung zugleich auch gesellschafts-und strukturverändernd zu wirken – für Mutter Teresa stand dagegen der Gedanke der Missionierung an erster Stelle. Legte Anna Dengel Wert darauf, dass die medizinische Pflege den neuesten hygienischen Standards entspricht, sah Mutter Teresa im Ertragen des Leidens eine besondere Form der Nachfolge Jesu. Sie hielt daher gegenüber dem Einsatz moderner medizinischer Hilfsmittel Distanz.

Mutter Dengel war auch stets um gute Arbeitsbedingungen in ihrer Gemeinschaft bemüht. Als sie hörte, unter welchen Umständen Mutter Teresas Missionarinnen oft leben mussten, schrieb sie ihr, resolut wie sie im Eingreifen immer war, einen Brief. Sie habe gehört, dass die Schwestern sich nur von Reis und etwas Salz ernährten, dem bengalischen Essen der Armen. Von wem aber härteste Arbeit gefordert wird, benötige auch eine ausreichende Ernährung, um die nötige Kraft dafür zu haben. Mutter Teresa nahm den Rat der „Kollegin" an.

In Rom des Jahres 1980 freute sich die bereits todkranke Anna Dengel über den Besuch von Mutter Teresa, die hier, im Zentrum der katholischen Kirche, in diesem Jahr eine Niederlassung ihrer Gemeinschaft eröffnete. Vermutlich war ein Gedankenaustausch nur mehr schwer möglich, aber dass beide Frauen, jede auf ihre Weise, ihren Beitrag zur Behebung der Not in den Ländern der Dritten Welt geleistet hatten, war ihnen bei diesem Zusammentreffen sicher bewusst. Zum Zeichen des geistigen Vermächtnisses legte Mutter Teresa zum Abschied Anna Dengel nach indischer Sitte beide Hände auf das Haupt. Im Nachruf wird sie die Gründerin der Gemeinschaft der Missionsärztlichen Schwestern als jene Frau bezeichnen, die „die Medizin wieder in die Kirche brachte" und dadurch vielen Menschen in der Dritten Welt zu einem würdigen Leben verhalf.

Anfang April 1980 war es ersichtlich, dass das Leben Anna Dengels ausklingen würde. Sie nahm kaum noch etwas zu sich und atmete immer schwerer. In den Morgenstunden des 17. April rief die diensthabende Nachtschwester die Generaloberin an, sie glaube, dass das Ende für Mutter Dengel gekommen sei. Alle in Rom anwesenden Schwestern kamen sofort und versammelten sich im Sterbezimmer. Sie war nicht allein auf ihrem letzten Weg, und vielleicht hörte sie auch noch die Trostworte einer Schwester „Mutter, wir sind alle hier bei dir". Dr. Anna Dengel starb um 5 Uhr 40 des 17. April 1980.

Genau an dem Tag, an dem vor 67 Jahren das irdische Leben von Dr. Agnes McLaren zu Ende gegangen war. Jener Frau, welche die wichtigste Weichenstellung im Leben der jungen Anna vornahm. Ob man das wirklich nur Zufall nennen kann?

Bevor die Nachricht vom Tod der Gründerin der Gemeinschaft der Missionsärztlichen Schwestern hinausging, nahmen die Schwestern im stillen Gebet Abschied von „ihrer Mutter". Eine Eucharistiefeier wurde ebenfalls, vorerst noch im kleinen Kreis, zelebriert. Dann ging die Nachricht vom Tod hinaus: an die offiziellen kirchlichen Stellen, u. a. an die Kongregation der Verbreitung des Glaubens, an alle MMS-Arbeitsbereiche, alle Freunde und Bekannte Anna Dengels. Die in- und ausländische Presse und Radio Vatikan gaben die Meldung ebenfalls weiter. In allen Wortmeldungen wurden dieser bedeutenden Frau der Kirche großer Respekt und Anerkennung gezollt.

Ein blauer Himmel, wie man ihn nur in Rom sieht, wölbte sich am 21. April 1980 über der Stadt, als die Beisetzung am kleinen deutschen Friedhof Campo Santo Teutonico im Schatten der Peterskirche erfolgte. Auf ihren Wunsch hin wurde sie in der Gruft des „Instituts der Englischen Fräulein" beigesetzt, da die MMS keine eigene Grabstätte in Rom besaßen. Die von ihr getroffene Verfügung entsprang vielleicht einem unerfüllt gebliebenen Wunsch: Wenn schon nicht die von ihr gegründete Gemeinschaft durch ein im repräsentativen Stil erbautes Generalat im Zentrum der katholischen Kirche präsent ist, dann sollte wenigstens das Grab der Gründerin hier einen bleibenden Platz haben.

In der zum Friedhof gehörenden Kirche Santa Maria della Pietà waren alle 150 Sitzplätze besetzt und ca. 200 Personen konnten an der langen Zeremonie nur stehend teilnehmen. Der aus Indien stammende Erzbischof Simon Lourdusamy leitete im Auftrag der zuständigen Kongregation für die Evangelisierung der Völker die Zeremonie. Assistiert von Fr. Charles Schleck CSC und Fr. M. Fleischmann MHM, Mitglieder jener beiden Ordensgemeinschaften – des Ordens vom Heiligen Kreuz und der Mill-Hill-Missionare –, mit denen Anna Dengel bei ihrer Arbeit in enger Beziehung stand. Am Einzug nahmen auch 32 Priester teil, die das Lied anstimmten „Sing a New Song Unto the Lord". Neben den Vertretern der Kirche und des diplomatischen Dienstes nahmen vor allem Vertreter aus Österreich an den Begräbnisfeierlichkeiten teil. Groß war die Abordnung, die aus dem tirolerischen Außerfern kam. Als letzten Gruß aus der Heimat brachten sie einen Strauß von Alpenblumen mit. Aus den Niederlanden sandten die dort stationierten Schwestern einen Strauß aus 88 Tulpen als Dank für die 88 Lebensjahre der Verstorbenen. Die Gemeinschaft selbst war durch Abordnungen von Schwestern aus aller Welt vertreten.

In vielen Ansprachen und Nachrufen wurde diese bedeutende Frau und ihr Wirken von Vertretern der Kirche wie des öffentlichen Lebens im In- und Ausland ausführlich gewürdigt als „… prophetische Frau der Kirche … die eine seltene Freiheit zeigte, aufzubrechen, sich auf Neues einzulassen … sich auch nicht scheute Grenzen zu überschreiten … die den Mut hatte, ihre Rechte in der Kirche durchzusetzen, aber dieser dabei nicht den Rücken kehrte … als ein Beispiel für engagierte Vorwärtsentwicklung in der Kirche …" Der Vielschichtigkeit ihrer Persönlichkeit wird aber auch der in einem Nachruf zitierte Satz durchaus gerecht: „Ein großer Baum trägt viele Früchte, wirft aber auch viel Schatten."

Anna Dengel war eine tiefgläubige Frau, die ihre Berufung ohne Wenn und Aber angenommen hatte. Sie hatte mit Mut und der dafür notwendigen Hartnäckigkeit ihre Lebensaufgabe umgesetzt, trotz aller Schwierigkeiten, die man ihr bereitet hatte. Nicht nur sich, sondern auch ihrer Umgebung machte sie es nicht immer leicht. Aber ohne den Pioniergeist ihrer Tiroler Vorfahren wäre es ihr kaum gelungen „vom Ende der Welt in die Welt" zu ziehen.

Wenn du wirklich liebst …

Wenn du wirklich liebst, bist du erfinderisch.
Wenn du liebst, versuchst du zu entdecken,
bist du interessiert.
Wenn du wirklich liebst, bis du geduldig
und langmütig.
Wenn du liebst, passt du dich selbstverständlich an.
Wenn du liebst, willst du geben, bist du unermüdlich,
selbstlos und großzügig.
Wenn du liebst, willst du wirklich dienen
und nicht nur arbeiten.
Man schont sich nicht, wenn man liebt.

Anna Dengel

Dank

Die Autorin dankt allen Gesprächspartnern für die bereitwillige Unterstützung, die wertvollen Hinweise und für die zur Verfügung gestellte Literatur. Besonderer Dank gilt Frau Mag. Brunhilde Steger vom Tyrolia-Verlag und dem Verein „Freunde Anna Dengel". Ein herzlicher Dank geht an Traudl Langfelder, der „Erstleserin" vieler Bücher der Autorin.

Feuer und Flamme im Einsatz für eine weltweite Mission

Missionsverständnis der Missionsärztlichen Schwestern (Medical Mission Sisters)

Die Kongregation der „Medical Mission Sisters", der Missionsärztlichen Schwestern, wurde 1925 von der österreichischen Ärztin Anna Dengel in Washington, USA, gegründet. Von unseren Ursprüngen bis heute sind Selbstverständnis und Mission der „Medical Mission Sisters" (MMS) geprägt durch zwei zentrale Merkmale: zum einen durch eine *grenzüberschreitende Sicht der Welt* und zum anderen durch die besondere Aufmerksamkeit für die *Sorgen und Nöte von Frauen* in aller Welt. Der frühe Verlust ihrer Mutter sensibilisierte unsere Gründerin von Kindheit an für all das, was das Leben von Müttern und Kindern bedroht und motivierte sie zum Einsatz für Frauen „in der Mission".

Unser Name war über vier Jahrzehnte (1925–1967) klarer Ausdruck der Ziele unserer Mission:

M = Medical: Die wissenschaftlichen Fortschritte westlicher Medizin sollten auch benachteiligten Frauen und Kindern Pakistans bzw. der südlichen Welt zugänglich gemacht werden.

M = Mission: In und durch den Einsatz für unsere Nächsten in den südlichen Ländern lassen wir die Liebe Gottes und Christi aufleuchten und machen sie konkret erfahrbar.

S = Sisters: Religiöse Frauen engagieren sich gemeinsam für benachteiligte (muslimische) Frauen, stehen ihnen in Schwangerschaft, Geburt und Krankheiten bei und bilden auch Frauen vor Ort aus.

In den ersten vier Jahrzehnten gab es also

- eine *klare geographische Zielrichtung*, nämlich die damaligen „Missionsgebiete“
- eine *klare Tätigkeitsumschreibung*, nämlich die kurative westliche Medizin und Ausbildung
- eine *klare, zentral gesteuerte und koordinierte Aufgabenteilung* in der Gemeinschaft. Auf der einen Seite USA und Europa, zuständig für das Einwerben von Personal und Geld; auf der anderen Seite die Länder, in denen die Mission stattfand: Indien, Pakistan, Ostasien, diverse Länder Afrikas und Lateinamerikas.

Dass dieses Konzept auf wirkliche Not Antwort gab, zeigte das Wachstum der Gemeinschaft:

1925 begann die Gemeinschaft mit 4 Mitgliedern und 2 Niederlassungen (USA und Pakistan),

1947 hatte die Gemeinschaft bereits 108 Mitglieder aus den USA und Europa und 7 medizinische Einrichtungen (u. a. Krankenhäuser) in Pakistan, Indien, Indonesien und den USA.

1957 zählte die Gemeinschaft 470 Mitglieder aus den USA, Europa und Indien und 25 medizinische Einrichtungen in Pakistan, Indien, Indonesien, Afrika, Latein- Amerika und den USA.

1967 wuchs die Gemeinschaft auf 728 Mitglieder aus den USA, Europa, Indien, Indonesien und den Philippinen an und hatte 37 medizinische Einrichtungen, davon 9 in Indien, 4 in Pakistan, 4 in Indonesien und 10 in 7 Ländern Afrikas, 3 in Lateinamerika/Venezuela und je eine in Burma, Vietnam und den Philippinen.

Der Wachstumsprozess einer tiefgreifenden und kontinuierlichen Neuausrichtung

Im Jahr 1967 fand unser Reformgeneralkapitel statt und leitete einen tiefgreifenden inneren und äußeren Suchprozess und eine grundsätzliche Neuorientierung ein. Diese Neuausrichtung wurde angestoßen:

a) durch bohrende Fragen in den eigenen Reihen bezüglich der *Nachhaltigkeit* unseres Tuns:
   Warum kommen Menschen immer wieder mit den gleichen Erkrankungen? Werden die Menschen unsere Arbeit je fortführen können?

Anna Dengel auf Visitation in Afrika

Anna Dengel in Attat, Äthiopien, 1965

Auf Besuch im Jemen

In ihrem Arbeitszimmer in Rom, 1974

Anna Dengels Grab am Campo Santo Teutonico im Vatikan

Eine Gruppe der MMS besucht 2013 das Landeskrankenhaus Hochzirl, das den Namen „Anna-Dengel-Haus“ trägt.

Reinhard Heiserer vom Verein „Freunde Anna Dengel“ 2011 zu Besuch bei den MMS in Kottayam, Kerala, Indien

Die junge Bildhauerin Sandra Brugger fertigt eine Holzskulptur von Anna Dengel an.

Die Künstlerin wählt keine schlichte gerade Linie, sondern eine schwungvolle Form, die die Energie und Kraft Anna Dengels zum Ausdruck bringen soll.

Die Absolventin der Schnitzschule Elbigenalp ist mit Freude am Werk.

Sandra Brugger: „Anna Dengel war eine beeindruckende Frau, die in ihrem Leben Großes geleistet und bewirkt hat."

Das Tonmodell der Holzskulptur. Der Äskulapstab verweist auf Anna Dengels Tätigkeit. Sie war eine der ersten Ärztinnen Tirols, als Missionsärztin in Rawalpindi und für den Orden der MMS im Einsatz. Das Feuer am Stab versinnbildlicht ihr Zitat: „Ich war Feuer und Flamme."

Von der Holzskulptur werden handbearbeitete Kopien (40 cm, Ahornholz) hergestellt, die gegen eine Spende beim Verein „Freunde Anna Dengel" erhältlich sind.

b) durch das *neue Selbstverständnis von Kirche und Mission* im Zweiten Vatikanum: das Volk Gottes, das gemeinsam unterwegs ist und im Dialog mit allen Völkern ist, in deren Kulturen Gott schon präsent ist
c) durch die *Befreiungstheologie* und ihre Frage nach *Gerechtigkeit*: Erreichen wir wirklich mit unserer Arbeit die Armen?
d) durch neue Ansätze in Medizin und Sozialwissenschaften, die den Blick lenkten auf *strukturelle Ursachenforschung* und *Teilhabe* und damit auf das *Primat von Prävention*:
Welche Lebensbedingungen verhindern Gesundheit und begünstigen Krankheit?

Diese Fragen und Anstöße führten zu einer tiefen Krise des bisherigen Selbstverständnisses und Tuns, zugleich aber begeisterten sie auch und setzten neue kreative Kräfte frei für einen Prozess des fortwährenden Wachstums. Die Folgen waren ein intensiver Suchprozess aller, mit massiven Umwälzungen, Unsicherheit und Konflikten, die Einrichtung einer dezentralen Organisationsstruktur gleichberechtigter Niederlassungen in Afrika, (Ost-)Asien, Lateinamerika, Europa und USA (Subsidiaritätsprinzip) und das Recht auf eigenständige Entwicklung im lokalen Kontext.

Der intensive Suchprozess führte vor allem zu einer Weiterentwicklung und Vertiefung unseres Verständnisses der MMS-Mission: die „Medical Mission" erschöpfte sich nicht länger in der Einbahnstraße westlich orientierter, kurativer „missionsärztlicher" Arbeit, sondern im gemeinsamen mehrjährigen Such- und Dialogprozess öffneten sich die MMS für ein *ganzheitliches Verständnis* von Gesundheit, Krankheit und Heilung mit intensiver Berücksichtigung nicht nur der physischen, sondern auch der psychischen, kulturellen, sozial-strukturellen, spirituellen und ökologischen Aspekte. Krank ist ja nie nur ein Körper, sondern ein Mensch. Insofern gibt es keine wirkliche *Heilung* ohne einen *gemeinsamen Prozess* der Neuorientierung (oft auch Versöhnung), bei dem Kranke, Heiler und oft auch Menschen im Umfeld gemeinsam die Ursachen von Krankheit, Leid und Tod erkunden und sich dann auch *partnerschaftlich engagieren* bei der Überwindung von Krankheit und lebenswidrigen Umständen. So sind die Einzelnen oder Gruppen nicht nur hilfsbedürftige Adressaten unserer Programme, sondern verantwortliche Partner. Diese Verortung des Heilungsprozesses in der Gemeinschaft erforderte von den MMS vielfältiges Umdenken und ein neues Rollenverständnis: statt Expertinnen, die alles besser wissen, sahen sich die MMS nun neu gefordert als „Facilitatoren", die in einer partnerschaftlichen Beziehung anderen ermöglichen, lebenswichtige Schritte zu tun. Neben professioneller Kompetenz erforderte das auch eine neue Qualität der Beziehung zu den Menschen, tiefere Verwurzelung/Inkulturation und Anteilnahme an deren Leben. Angeregt durch die Menschen und deren ganzheitliche Sicht des Lebens erhielt in vielen unserer Projekte auch die pastoral-spirituelle Betreuung einen Platz.

Dieser gemeinsame Suchprozess brachte uns nicht nur in Kontakt mit unseren Stärken, sondern auch mit eigenen Verwundungen, Grenzen und Schwächen. Um anderen wirklich heilsam begegnen zu können, muss sich eine jede von uns der eigenen Heilungsbedürftigkeit stellen. Ob und wie wir mit eigenen Verwundungen, Machtlosigkeit/Ohnmacht umgehen, hat unmittelbaren und maßgeblichen Einfluss auf die Qualität und Authentizität unserer heilenden Präsenz.

Auch heute sind die MMS tätig in Pakistan, Indien, Indonesien, Philippinen, Afrika, Lateinamerika, USA und Europa. Aber mit relativ wenigen Ausnahmen sind dort MMS tätig, die selbst aus dem Land bzw. dem Kontinent stammen. Meist leben und arbeiten sie in kleinen Kommunitäten unter den Armen. Auch die Art der Niederlassungen und der Tätigkeit haben sich radikal verändert:

Neben der Arbeit in wenigen Krankenhäusern mit integriertem Ansatz (drei in Indien, einem in Indonesien und zwei in Afrika) liegt der Fokus unserer Arbeit in der südlichen Welt in so vielfältigen Bereichen wie:

- präventive Medizin, u. a. unter Einbeziehung von Aspekten der einheimischen Heilkunst
- Basisgesundheitsdienst
- Integrale (landwirtschaftliche und dörfliche) Entwicklung im Umfeld von Gesundheitsprojekten: sauberes Wasser, verbesserte Ernte
- Selbsthilfegruppen von Frauen und Kooperativen zur besseren Vermarktung
- Einsatz gegen Umweltzerstörung und Raubbau an der Natur
- Einsatz für den Schutz der Lebenswelt und die Rechte indigener Völker
- Vernetzung und gemeinsamer Einsatz für die Rechte der Armen: lokal, regional, aber auch auf internationaler Ebene z. B. durch NGO-Status bei der UNO
- Förderung und soziale (auch religiöse) Orientierung für Frauen und benachteiligte Mädchen

Vertiefung des Selbstverständnisses der MMS in Europa am Beispiel Deutschlands

Das erste deutsche Haus wurde erst 1958 gegründet und widmete sich bis 1967 ausschließlich der Ausbildung von Personal (1966: erste Entsendung von Schwestern nach Afrika) und der Einwerbung von Spenden für die Mission im Süden. In den 1970er-Jahren begannen die MMS, Deutschland und die Menschen hier in den Blick zu nehmen. Ausgehend von missionarischer Bewusstseinsbildung in Gemeinden und mit Jugendlichen kamen wir immer mehr in Kontakt mit den Nöten der Menschen, Deutschland wurde für uns zum „Missionsland", in dem wir in kleinen Kommunitäten heilend präsent sind.

Als Teil einer missionarischen Gemeinschaft wissen wir uns gerufen, bewusst in Grenzsituationen von Leben und Tod, und auch in anderen Grenzerfahrungen präsent zu sein: mit unserer professionellen Kompetenz, aber auch mit der bewussten Bereitschaft, „barfuß" und oft sprachlos – gemeinsam mit den Menschen – nach Heilung, nach einem Leben in Würde und Sinn zu suchen. Dabei geht es uns darum, inmitten von Gebrochenheit und „Tod" zu versuchen, Lebens- und Hoffnungsräume zu eröffnen, die in Gottes heilender Gegenwart gründen.

Bewusst suchen wir den Kontakt und Dialog mit Menschen am Rande von Kirche und Gesellschaft, die kaum im Blick sind beim rastlosen Wettlauf nach Erfolg und Wohlbefinden in den säkularisierten Großstädten Berlin, Frankfurt und dem Ruhrgebiet. Wir erleben, dass sich durch die Präsenz und gemeinsame Ergründung existenzieller Grenzerfahrungen – trotz aller religiöser Sprachlosigkeit – oft Räume auftun, in denen Leid und Tod, aber auch Hoffnung auf Heilung und Leben, Sinn und Heil neu zur Sprache kommen können:

In einem von der Ökonomie dominierten Gesundheitswesen gilt unsere besondere Aufmerksamkeit (als Ärztin, Krankenschwester, Krankenhausseelsorgerin) den „unattraktiven" Kranken:

- den chronisch und psychisch Kranken
- den Sterbenden und Trauernden
- den Menschen ohne Krankenversicherung, Wohnsitzlosen, Illegalen und gestrandeten Arbeitsmigrant/innen
- den alten und dementen Menschen
- dem Ringen um medizinisch-ethische Fragen und Antworten

Bei unserer Präsenz in sozialen Brennpunkten begleiten wir benachteiligte und oft hoffnungslose Menschen bei der Suche nach neuen Perspektiven durch:

- Beratung und therapeutische Angebote für arme Frauen in Marzahn/Ostberlin
- Einsatz für Teilhabe von Menschen mit Behinderung
- Einsatz für Flüchtlinge, Opfer von Menschenhandel und Zwangsprostitution (Frauen)

Integraler Teil unseres Einsatzes für einzelne und Gruppen im medizinischen und sozialen Bereich ist die Netzwerkarbeit und der Einsatz für gerechtere Strukturen in Deutschland und der Welt.

Angesichts zunehmender Säkularisierung haben sich die MMS auch zunehmend engagiert in der Begleitung von Menschen auf der Suche nach Lebenssinn, Orientierung und spiritueller Beheimatung. Dabei sind wir bewusst präsent in Grenzgebieten der Pastoral:

- Präsenz und Dialog mit Menschen im weitgehend säkularisierten oder atheistisch geprägten Umfeld: z. B. Krankenhaus, Finanzmetropolen wie Frankfurt oder Ostberlin
- Begleitung von Menschen in muttersprachlichen und multikulturellen Gemeinden
- Engagement im geschwisterlichen, interreligiösen, interkulturellen Dialog
- Mitarbeit beim Aufbau des Zentrums für christliche Meditation und Spiritualität/Frankfurt
- Mitarbeit beim Aufbau kleiner christlicher Gemeinschaften angesichts der Erosion traditioneller Pfarreistrukturen

Während wir uns als einzelne oder in kleinen Teams in den genannten Bereichen engagieren, haben unsere jeweiligen Kommunitäten vor Ort auch eine gemeinsame Mission. Wir verstehen unsere Kommunitäten als kleine geistlich-spirituelle Zentren und Kirchorte. Deshalb öffnen wir unser Haus und Gebetsleben für Menschen, mit denen wir tagtäglich unterwegs sind, und laden sie und auch andere ein, ihren Lebensalltag mit seinen Freuden und Brüchen mit uns gemeinsam vor Gott zu bringen. Gleichzeitig versuchen wir aber auch, mit spirituellen Angeboten im säkularen Kontext, an unseren Arbeitsstellen oder anderen Orten präsent zu sein. Es ist uns ein Anliegen, Orte anzubieten oder Räume zu eröffnen:

- wo die Ängste und Fragen, die Hoffnungen und Träume von leidenden und suchenden Menschen in *Stille*, in Gebet und Liturgie *Raum* finden

- so dem tieferen Sinn und Grund ihres Lebens neu auf die Spur kommen
- und dies in Bewegung, durch Symbole und Rituale, durch Musik oder auch das Finden neuer Worte, die Ausdruck geben können.

In Deutschland und auch in anderen Ländern sind so um die jeweiligen MMS-Kommunitäten vor Ort Gruppen von assoziierten Mitgliedern entstanden, Frauen und Männer, die eine geistliche Heimat gefunden haben in unserer Spiritualität des Heilens. Die vielfältigen Weisen, durch die unsere assoziierten Mitglieder in ihrem beruflichen Alltag und ehrenamtlichem Engagement unserer Spiritualität und unserem Heilungsauftrag Ausdruck verleihen, sind für uns ein großer Schatz! Gemeinsam mit ihnen und den Menschen vor Ort wissen wir uns immer neu gerufen zur Suche nach Leben, nach ganzheitlicher Heilung und nach Gottes heilender Gegenwart.

Sr. Gertrud Dederichs MMS

Der Erstabdruck dieses Artikels erfolgte in der Ordenskorrespondenz 4/2013.
Für dieses Buch wurden leichte redaktionelle Änderungen vorgenommen.

Gründungen unter der Leitung von Anna Dengel

1927	Rawalpindi	Pakistan (damals Indien)
1930	Dhaka	Bangladesch (damals Indien)
1931	Osterley, London	England*
1939	Patna	Indien
1939	Washington, D. C.	USA*
1943	Santa Fe	USA
1944	Atlanta	USA
1946	Utrecht	Niederlande*
1947	Makassar	Sulawesi (damals Celebes), Indonesien*
1947	Mandar	Indien
1948	Bharananganam	Indien
1948	Berekum	Ghana
1948	Karachi	Pakistan
1948	Mymensingh	Bangladesch
1949	Solo	Java, Indonesien
1950	Masuri	Indien
1951	Maracaibo	Venezuela
1951	Mountain View	USA*
1951	Pune	Indien*
1951	Welkom	Südafrika
1952	Neu-Delhi	Indien
1953	South Shields	England*
1953	Lawang	Java, Indonesien*
1953	Mumbai	Indien
1954	Pare-Pare	Indonesien
1954	Techiman	Ghana
1954	Thuruthipuram	Indien
1954	Cethipuzha	Indien
1955	Pune Dispensary	Indien
1955	St. Louis	USA*
1956	Kodarma	Indien
1956	Kokofu	Ghana
1956	Caripito	Venezuela
1957	Pendjua	Kongo (vormals Zaire)

1958	Patna Kiri	Indien
1958	Mödrath/Köln	Deutschland*
1958	Mülheim, Gelsenkirchen	Deutschland*
1959	Philadelphia	USA
1959	Judibana	Venezuela
1959	Phalombe	Malawi
1959	Rangun	Myanmar
1960	Quy Nhon	Vietnam
1960	Makati	Philippinen
1961	Amman	Jordanien
1961	Ithithanam	Indien*
1962	Essen	Deutschland
1962	Fort Portal	Uganda
1963	Nangina	Kenia
1965	Mundakayam	Indien
1966	Bongao	Philippinen
1967	Attat	Äthiopien

* Studienhaus und Noviziat

Die Missionsärztlichen Schwestern (MMS) heute

Verbreitung
Heute zählt die Gemeinschaft knapp 620 Schwestern und ca. 100 assoziierte Mitglieder aus 23 Nationen, die auf 5 Kontinenten und in 17 Staaten tätig sind. Das Aufgabengebiet ist in 6 Sektoren gegliedert. Ein Sektor umfasst mehrere Distrikte.

Afrika – Ghana, Uganda, Kenia, Äthiopien
Asien – Indien
Ostasien – Pakistan, Indonesien, Philippinen
Europa – England, Niederlande, Deutschland, Belgien, Italien
Nordamerika – USA, Mexiko
Lateinamerika – Venezuela, Peru

Mitgliedschaften
Die *kanonische* Mitgliedschaft beinhaltet die Lebensform der Gelübde mit lebenslanger Bindung nach einer mehrjährigen Vorbereitungszeit, ein aktives Leben in Gemeinschaft und die Bereitschaft zur grundsätzlichen Verfügbarkeit. Mitglieder können nur Frauen sein, die der katholischen Kirche angehören.

Die *assoziierte* Mitgliedschaft beinhaltet eine aktive Teilnahme an Mission und Spiritualität der MMS. Die Frauen oder Männer sind eingebunden in das Leben einer Ortskommunität, jedoch ohne jede finanzielle Verpflichtung. Sie binden sich nach einer Vorbereitungszeit durch ein Versprechen, das sie für eine bestimmte Zeit oder lebenslang geben. Assoziierte sind in der Wahl ihrer Lebensform an keine bestimmte Form gebunden.

Sitz des Generalats

Washington, D. C.	1925–1939
Philadelphia	1939–1958
Rom	1958–1983
London	seit 1983

Das Generalat besteht aus der Generalkoordinatorin (früher Generaloberin) und Assistentin.

Generaloberinnen, seit 1986 **Generalkoordinatorinnen der MMS**

Anna Dengel (Österreich/USA)	1925–1967
Jane Gates (USA)	1967–1973
Godelieve Provè (Belgien)	1973–1986
Sarah Summers (USA)	1986–1992
Rita Syron (U. K./England)	1992–1998
Elizabeth Koothanam (Indien)	1998–2004
Carmelita Perez (Philippinnen)	2004–2010
Agnes Lanfermann (Deutschland)	seit 2010

Verein „Freunde Anna Dengel"

Im Sommer 2007 traf der Tiroler Reinhard Heiserer in Ghana auf Missionsärztliche Schwestern. Als Geschäftsführer von „Jugend Eine Welt" war er dort auf Projektreise unterwegs. Beeindruckt vom Wirken der Missionsärztlichen Schwestern im sozialen, medizinischen und ökologischen Bereich kam Heiserer mit den Ordensfrauen ins Gespräch. Anna Dengel war ihm von klein auf ein Begriff, stammte er doch ebenso wie sie selbst aus dem Tiroler Außerfern. Man blieb in Kontakt und über „Jugend Eine Welt" konnten erste Projekte der Missionsärztlichen Schwestern in Ghana unterstützt werden.

Später lernte Heiserer auch in Indien die Arbeit der Schwestern direkt kennen. Hier stieß er sogar auf einige Ordensfrauen, die Anna Dengel noch persönlich gekannt hatten und ihre private Post mit der Gründerin wie einen kleinen Schatz hüteten. Er begann, Schwestern zu Vortragsabenden nach Tirol einzuladen und lernte im Laufe der Jahre weitere Ordensvertreterinnen auch aus Europa und anderen Ländern kennen.

„Was Anna Dengel weltweit aufgebaut und ins Rollen gebracht hat, ist unglaublich beeindruckend. Aber während sie in den 1960er- und 1970er-Jahren auch auf Grund einiger wichtiger Auszeichnungen (Tiroler Ehrenring, Goldenes Verdienstkreuz etc.) den Menschen in Österreich noch ein Begriff war, ist sie – insbesondere jüngeren Leuten – heute leider nur noch wenigen bekannt," bemerkte Heiserer. Für ihn war daher schnell klar, dass nur ein eigener Verein sowohl diese große Tiroler Persönlichkeit und als auch die von ihr gegründeten Missionsärztlichen Schwestern durch gezielte Informations- und Öffentlichkeitsarbeit wieder verstärkt ins Bewusstsein rücken und so ihr Erbe für die Zukunft lebendig halten kann. Eine Aufgabe, die auch deshalb wichtig ist, da die Missionsärztlichen Schwestern nie in Österreich eine Niederlassung gründeten und derzeit nur eine Österreicherin Ordensmitglied ist. Die Ausstrahlung der Gemeinschaft in die Heimat ihrer Gründerin ist daher nur sehr punktuell.

Der Verein wurde am 25. Juni 2012 gegründet, Heiserer ist sein erster Vorsitzender. Zahlreiche Personen halfen in Folge tatkräftig mit. Von Vorteil für die aktuelle Aufbauarbeit war und ist es, dass auch in den vergangenen Jahrzehnten einzelne Persönlichkeiten, insbesondere aus Tirol, immer wieder Anna Dengel und ihr

Werk würdigten und Informationen darüber verbreiteten. Prof. Hans-Peter Rhomberg, Dekan Ernst Pohler oder Pfarrer Karlheinz Baumgartner aus Steeg sind nur drei von mehreren Förderern, die diesbezüglich überregional tätig waren.

Der Verein „Freunde Anna Dengel"

- hält das Andenken an Mutter Anna Dengel aufrecht und macht ihre Person und ihr Werk bekannt,
- berichtet über die Arbeit der Missionsärztlichen Schwestern,
- unterstützt finanziell die Projekte der Missionsärztlichen Schwestern in aller Welt,
- setzt sich dafür ein, dass die Missionsärztlichen Schwestern auch im Heimatland Anna Dengels eine Niederlassung gründen.

Mittlerweile hat der Verein „Freunde Anna Dengel" schon einiges auf die Beine gestellt. Mit einer vielfältigen Öffentlichkeitsarbeit soll Anna Dengel wieder ins kollektive Gedächtnis der Österreicher gerufen werden. Dafür wurden Info-Folder zu Anna Dengel, den Missionsärztlichen Schwestern sowie dem Verein „Freunde Anna Dengel" erstellt, eine DVD mit drei alten Filmbeiträgen aus den Jahren 1982, 1985 und 1992 zusammengestellt und – in Zusammenarbeit mit der Diözese Innsbruck – Lesezeichen als Einlage für das neue Gotteslob in allen Tiroler Pfarreien produziert sowie geistliche Impulse für die Tiroler Pfarrgemeinderäte verfasst, um diesen die Spiritualität Anna Dengels näher zu bringen.

Neben der vorliegenden, von „Freunde Anna Dengel" initiierten und finanzierten Biographie von Prof. Ingeborg Schödl entstand im Herbst 2013 eine Holzstatue der jungen Anna Dengel. Die Tirolerin Sandra Brugger, die ihre Ausbildung an der Schnitzschule Elbigenalp absolvierte, hat sie im Auftrag des Vereines angefertigt. Kopien dieser Statue schenkt der Verein großzügigen Spendern und Förderern.

Zukünftig soll auch eine eigenen Webseite (www.freundeannadengel.at) über die Person Anna Dengel informieren und das Werk Anna Dengels vorstellen. Es soll eine Plattform sein, die interessierten Personen hilfreiche Informationen bietet.

Ein großer Dank gilt an dieser Stelle den „Erbinnen Anna Dengels", den von ihr gegründeten Missionsärztlichen Schwestern, die die Arbeit des Vereines mit den ihnen zur Verfügung stehenden Mitteln unterstützen. Stellvertretend für alle Schwestern gilt der Dank der Generalkoordinatorin Dr. Agnes Lanfermann im

Generalat in London und Dr. Maria Goetzens im Distriktbüro in Frankfurt. Ein besonderer Dank gilt auch der Archivarin des Ordensarchives in London, Dr. Annaig Boyer.

Der Verein „Freunde Anna Dengel" lädt alle an Anna Dengel Interessierten ein, sich persönlich einzubringen und die Arbeit des Vereines durch Mundpropaganda, Leihgaben von/über Anna Dengel, hilfreiche Informationen sowie große und kleine Spenden zu unterstützen! Gemeinsam wollen wir Anna Dengel ehren und ihr Werk heute fördern.

Internet:
www.freundeannadengel.at

Kontakt
Obmann Ing. Reinhard Heiserer
Püttlingengasse 5/2, 1130 Wien
Mobil: +43 (0) 664/111 97 65
E-Mail: verein@freundeannadengel.at

Vereinssitz
Freunde Anna Dengel
Haus der Begegnung
Rennweg 12
6020 Innsbruck, Austria

Spendenkonto:
Freunde Anna Dengel – Jugend Eine Welt
Raiffeisenbank Tirol
IBAN: AT57 3600 0002 0002 4000
BIC: RZTIAT22

Spenden sind steuerlich absetzbar. Danke, wenn Sie mit Ihrer Spende mithelfen, die Arbeit des Vereines finanziell abzusichern.

Infomaterial, Bücher, Statue
erhalten Sie beim Verein, Infos dazu auf unserer Homepage.
Kontakt: presse@freundeannadengel.at

Quellen und Literatur

Primärquellen

Diverses Archivmaterial der Gemeinschaft der Missionsärztlichen Schwestern, London; Verein Freunde Anna Dengel, Wien.
History of the Society of Catholic Medical Missionaries, Pre-Foundation to 1968.
Jahresberichte der Katholischen Missionsärztlichen Fürsorge, Eigenverlag des Misssionsärztlichen Institutes Würzburg, Jahrgänge 1926–1933, 1935, 1936, 1938 und 1939.
Jesuitenarchiv Wien: Briefe von Anna Dengel an P. Rochus Rimml SJ.

Sekundärquellen

DVD „Selbst ist die Frau", Landesstudio Tirol 1985.
Fenzl Annemarie/Tambour, Evelyn: Kardinal König, Verlag Herold, Wien 1985.
Göttler, Norbert: Mutter Teresa, Rowohlt Verlag, Reinbek 2010.
Gottschalk, Janet, with Berger, Rose Marie: Drawn bei God – A History of the Society of Catholic Medical Missionaries from 1967 to 1991, 2012.
Plechl, Pia Maria: Die Nonne mit dem Stethoskop, Dr. med. Anna Dengel 1892–1980. Eine Tirolerin geht einen neuen Weg, in der Reihe: Missionare, die Geschichte machten, Verlag St. Gabriel, Mödling 1981.
Plechl, Pia Maria: Kreuz und Äskulap. Dr. med. Anna Dengel und die Missionsärztlichen Schwestern, Verlag Herold, Wien 1967.
Provè, Godelieve: Becoming Human. A Story of Transformation through Conflict and Healing, Eburon Publishers, Eburon 2004.
Rhomberg, Hans-Peter: Anna Dengel. Mit einem Vorwort von Mutter Teresa, Tyrolia Verlag, Innsbruck 1993.
Schwaiger, Georg: Papsttum und Päpste im 20.Jahrhundert, Von Leo XIII. zu Johannes Paul II., Verlag C. H. Beck, München 1999.

Gespräche mit

Baumgartner, Karlheinz, Pfarrer von Steeg/Lechtal.
Correia, Hilda, Sr., Mitglied der Missionsschwestern „Königin der Apostel".
Dederich, Gertrud, Sr., Distriktkoordinatorin der MMS für Deutschland.
Dengel, Elisabeth (Nichte von Anna Dengel).
Goetzens, Maria, Sr., Dr., Sektorkoordinatorin der MMS für Europa.
Pohler, Ernst, Alt-Dekan von Breitenwang/Außerfern.
Primetshofer, Bruno †, Dr., Em. Univ.-Prof. für Kirchenrecht.
Rhomberg, Hans-Peter, Prof., ehemaliger Leiter des LKH Hochzirl.
Seidl, Eleonore, Dr., Salzburg (Nichte von Anna Dengel).

Diverse Zeitungsartikel im Zeitraum von 1975–2013.
Diverse Informationen über Orte und Namen durch Internet (u.a. http://de.wikipedia.org und http://en.wikipedia.org)

Bildnachweis

Umschlagbilder:
Archiv der Missionsärztlichen Schwestern, London

Schwarzweißbilder:
Die Bilder auf S. 67 und S. 101 stammen aus dem Archiv der Verlagsanstalt Tyrolia, alle restlichen Schwarzweißbilder aus dem Archiv der Missionsärztlichen Schwestern, London.

Farbbilder:
B1, B2, B3, B4: Archiv der Missionsärztlichen Schwestern, London
B5, B6, B7, B8, B9, B10, B11, B12: Verein „Freunde Anna Dengel"

Leider war es uns nicht in allen Fällen möglich, die Rechteinhaber zu ermitteln. Allfällige Ansprüche werden gerne nachträglich abgegolten.

Personenregister